Regards
sur notre
temps

Luc FERRY
Alain FINKIELKRAUT
René GIRARD
Fabrice HADJADJ
Lucien JERPHAGNON

Regards sur notre temps

Présentations et entretiens
Anne Christine FOURNIER

MAME

Les entretiens retranscrits dans cet ouvrage ont été réalisés entre 2006 et 2012. Ce livre est publié avec l'aimable autorisation des personnalités interviewées.

Direction : Guillaume Arnaud
Direction éditoriale : Sarah Malherbe, David Gabillet
Édition : Claire Renaud
Direction artistique : Élisabeth Hebert, Ariane Bienaymé
Compositeur : Text'oh !
Fabrication : Thierry Dubus, Anne Floutier

www.fleuruseditions.com
ISBN : 978-2-7289-1752-5
MDS : 531 292

« Je suis à la disposition du pauvre comme du riche sans distinction. Je suis un homme donné à la cité par la divinité : demandez-vous donc s'il est humainement possible de négliger, comme moi, tous ses intérêts personnels… en pressant chacun de vous de devenir meilleur. »

Platon, *Apologie de Socrate, 31 a-b, 33b*

« Il est temps que l'homme se fixe un but. Il est temps que l'homme plante le germe de son espérance suprême…
Hélas ! le temps approche où l'Homme ne lancera plus par-delà l'humanité la flèche de son désir, où la corde de son arc aura désappris de vibrer.
Je vous le dis, il faut avoir encore du chaos en soi pour enfanter une étoile dansante. Je vous le dis, vous avez encore du chaos en vous. »

Nietzsche, *Ainsi parlait Zarathoustra,* Prologue.

« Puis l'Ange me montra le fleuve de Vie, limpide comme du cristal, qui jaillissait du trône de Dieu et de l'Agneau. »

Apocalypse, saint Jean, *22*

À Pierre

À mes fils, Sylvain, Augustin, Victor et Oscar

Sommaire

Avant-propos

Une philosophie est une conception du monde.

La philosophie est la mise en question de nos croyances.

Ces deux phrases ont résonné en moi depuis toujours. Comme la phrase lapidaire prononcée par mon professeur de grec : « connais-toi toi-même », *« gnôthi seauton »*, inscrite sur le fronton du temple de Delphes consacré à Apollon. Dans le *Charmide,* Socrate annonce : « J'irai même jusqu'à dire que c'est précisément à se connaître soi-même que consiste la sagesse, d'accord en cela avec l'auteur de l'inscription de Delphes. Je m'imagine que cette inscription a été placée sur le fronton comme un salut du dieu aux arrivants, au lieu du salut ordinaire "réjouis-toi", comme cette dernière formule n'était pas bonne et qu'on dut s'exhorter les uns les autres, non pas à se réjouir, mais à être sages. »

Pour mieux me connaître moi-même, il fallait que j'interroge la philosophie.

« Quand vas-tu enfin commencer à vivre vertueusement ? » disait Platon à un vieillard qui lui racontait des leçons sur la vertu.

Pascal, dans ses *Pensées* (ch. 331), ajoute : « On ne s'imagine Platon et Aristote qu'avec de grandes robes de pédants. C'étaient des gens honnêtes et comme les autres riant avec leurs amis. Et quand ils se sont divertis à faire leurs lois et leur Politique, ils l'ont fait en se jouant. Ç'était la partie la moins philosophe et la moins sérieuse de leur vie, la plus philosophe était de vivre simplement et tranquillement. »

Quand apparaît la notion de philosopher ? Ni Pythagore, ni Héraclite n'ont connu l'adjectif *philosophos,* ou le nom, ou le verbe *philosophein,* encore moins le mot *philosophia.* Ces mots n'apparaissent que dans le siècle de Périclès. La prépondérance politique et le rayonnement intellectuel d'Athènes à l'époque de Sophocle, d'Euripide, d'Eschyle, des sophistes, à l'époque où Hérodote vient vivre à Athènes, est immense. C'est Hérodote qui raconte la première fois où le mot « philosophie » est cité. Solon, législateur athénien, l'un des sept sages, rencontre Crésus, roi de Lydie qui lui dit : « On nous a dit qu'ayant le goût de la sagesse *(philosopheon),* tu as visité beaucoup de pays à cause de ton désir de voir. » Une telle expérience peut faire de celui qui la possède un bon juge dans les choses de la vie humaine. Celui qui philosophe, qui aime la sagesse, a sa place dans la cité.

Il faut souligner que le mot « philo » désigne la disposition de quelqu'un qui trouve son intérêt, son plaisir, sa raison de vivre à consacrer à telle ou telle activité *: philoposia,* amour de la boisson, *philotimia,* amour des honneurs, et évidemment *philosophia,* amour de la sagesse. Les Athéniens étaient fiers de cette activité intellectuelle pour la science, la culture qui fleurissaient dans leur ville. Périclès, dans l'oraison funèbre de Thucydide, fait l'éloge du mode de vie que l'on pratique à Athènes : « Nous cultivons le beau avec simplicité, et nous philosophons sans manquer de fermeté » *(philokalein* et *philosophein).* Tous les citoyens peuvent atteindre ce but et l'*arétè,* la vertu, l'excellence ne sont plus réservées aux nobles ou à des êtres d'exception.

Quelle est la définition de la *Sophia,* la Sagesse ? Elle est beaucoup plus qu'un vrai savoir, elle est un savoir-faire. Savoir faire le bien, le juste, tendre vers la vérité, le beau. Ainsi Hermès est un sage car il invente la lyre et modèle lui-même l'instrument. La sagesse est donc de l'ordre du divin, et n'est accessible qu'aux dieux. Pour nous, mortels, nous ne pouvons que la désirer, qu'être des philo-sophes, sans l'atteindre jamais. Comme dit Diotime, par la bouche de Socrate, dans le *Banquet* de Platon, seuls les dieux et les insensés ne peuvent pas être philosophes : les dieux car ils ont déjà la sagesse, les insensés car ils croient la posséder et donc ne peuvent pas la désirer.

Donc, le philo-sophos, c'est beaucoup plus que celui qui sait, qui a vu beaucoup de choses, a beaucoup voyagé, infiniment plus que celui qui a une culture encyclopédique, qui sait bien se conduire, qui vit selon les vertus. C'est un être qui a plus encore qu'un savoir-faire qui exige le concours d'un dieu ; il a un savoir-vivre. C'est une attitude, c'est la vie philosophique qui exige des exercices spirituels constants. Selon l'expression de George Steiner, c'est une gymnastique constante de l'âme, qui demande un effort permanent, sans cesse renouvelé.

La figure de Socrate dans le *Banquet* de Platon a une influence décisive sur la définition du « philosophe » et de la « philosophie ». « La seule chose qu'il sait, c'est qu'il ne sait rien. » Ce qui fait de Socrate, au dire de Diotime, dans l'*Apologie de Socrate,* le plus sage des hommes. Plus sage que les figures emblématiques de la cité athénienne, plus sage que les hommes d'État, les poètes, les artisans, qui, eux, croient tout savoir alors qu'ils ne savent rien. Socrate est celui qui sait « qu'il ne vaut rien pour ce qui est du savoir ». Le philosophe ne sait rien mais il est conscient de son non-savoir. La tâche de Socrate, confiée par le dieu Apollon, sera donc de faire prendre conscience aux autres hommes de leur non-savoir, de leur non-sagesse.

Car le philosophe n'est pas un sage, il aime la sagesse mais ne l'atteint jamais et sa quête est en perpétuel mouvement. Elle est naïve, interrogative. C'est la fameuse ironie socratique, l'ignorance feinte. Dans les dialogues, Socrate est toujours celui qui interroge. Sa mission, par la maïeutique, est d'amener son interlocuteur à prendre conscience que son prétendu savoir ne repose sur rien.

Le discours sur l'Amour que raconte Socrate dans le *Banquet* et qu'il met dans la bouche de Diotime, la prêtresse de Mantinée qu'il est allé consulter, s'affirme comme révolutionnaire. Socrate et Éros sont les mêmes. Socrate, Éros et le philosophe sont les mêmes. La philosophie est l'Amour de la Sagesse, mais elle est aussi la Sagesse de l'Amour. De même que nous ne pouvons jamais atteindre la sagesse, de même, par sa nature même, l'Amour nous échappe. La philosophie est une remise en question permanente de nos certitudes. Philosopher ne trouve jamais sa réponse dans une détermination conceptuelle de la pensée. Philosopher est un exercice, une gymnastique qui englobe des exercices somatiques et psychiques, dialectiques, rhétoriques et plus généralement l'étude.

Dans le *Banquet*, Platon, à travers le personnage de Socrate, met en scène d'une manière jubilatoire la pensée philosophique. Sur la route venant de Phalère pour Athènes, Apollodore, disciple de Socrate, rencontre son ami Glaucon. Glaucon veut tout savoir sur ce fameux banquet où Socrate, Agathon, Alcibiade, Aristophane et d'autres convives encore se sont entretenus de l'Amour.

Qu'a de si extraordinaire ce banquet ? Il faut le replacer dans son contexte. C'est un dîner organisé par Agathon qui vient de remporter le prix aux grandes Dionysies d'Athènes avec sa première tragédie, ce qui est très rare pour un auteur si jeune. Très talentueux, il compte désormais parmi les grands tragédiens aux côtés de la triade ascendante Eschyle, Sophocle et Euripide. Autour de lui vont se réunir sur le thème de l'Amour les plus grands penseurs d'Athènes. Le décor est campé. La transmission se fait par le Logos, tout en se promenant. Le récit philosophique se situe dans une passation d'informations qui essaient d'être au plus proche de la vérité et en même temps dans l'incertitude de la narration et de la mémoire. Il est en mouvement, comme le philosophe. En équilibre comme le funambule de Nietzsche dans *Ainsi parlait Zarathoustra*.

La mise en scène du *Banquet* est, selon l'expression de George Steiner, « un drame incomparable de la pensée. Il y a d'autres grands dialogues, chez Galilée, Hume ou Valéry, platonicien entre les platoniciens, mais aucun n'égale en intensité dramatique ceux de Platon, ces drames de la présence pensante. Platon est l'un des plus grands créateurs de *dramatis personae,* de personnages dramatiques. Et chez lui le drame n'est pas qu'intellectuel, il est aussi humain ».

Intrigues, mise en place, attente de Socrate qui arrive en retard car il « se retire en lui-même dans le vestibule », accueil d'Agathon quand apparaît au milieu du dîner Socrate : « Viens ici, Socrate, mets-toi à côté de moi que je profite à ton contact de la science qui t'est venue dans le vestibule. » Réponse ironique de Socrate : « Ce serait une bonne chose, Agathon, si le savoir était de nature à s'écouler du plus plein au plus vide. » Riposte d'Agathon : « Tu es un moqueur, Socrate. Nous ferons valoir nos droits un peu plus tard, toi et moi, en ce qui concerne la science, en prenant pour juge Dionysos. Pour l'instant songe d'abord à dîner. » Puis suit le dîner, joyeux, les libations, les chants en l'honneur du dieu, les cérémonies d'usage. C'est un dîner de fête, plein d'interruptions, de joie débordante. Le choix des vins et de la musique a aussi sa place dans cette mise en scène : des vins légers pour compenser la beuverie de la veille, « à l'unanimité l'on décida de ne pas employer cette soirée à s'enivrer. On ne boirait que selon son plaisir ». Pas de chants, pour pouvoir parler. Un thème est choisi : chacun des convives fera l'éloge de l'Amour, on parlera d'Éros. Phèdre, Pausanias, Eryximaque, Aristophane, une fois que son violent hoquet s'est arrêté, Agathon, tous prennent la parole avant l'intervention de Socrate.

Socrate va s'exprimer à travers Diotime. Pour Agathon, l'Amour est beau et gracieux. Pour Socrate, l'Amour est désir de ce que l'on ne possède pas. L'Amour désire la Beauté. Donc, il n'est pas la beauté, il n'est pas beau lui-même. L'Amour ne peut être un dieu, comme tous les invités qui se sont exprimés le pensent. Éros n'est qu'un *daimon,* un être intermédiaire entre les dieux et les hommes, entre les immortels et les mortels. Il a une situation de médiateur entre les divins et les humains. Tout s'explique quand on connaît les circonstances de la naissance d'Éros.

À la naissance d'Aphrodite, il y eut un banquet chez les dieux. À la fin du repas, Penia, la pauvreté, vient mendier. Poros, la richesse, l'expédient, est endormi, enivré de nectar dans le jardin de Zeus. Penia, pour avoir un enfant, s'allonge près de lui. Éros naît de cette union. L'Amour est épris de beauté, de justice, de vérité, mais fils de Penia, il est toujours pauvre, indigent, mendiant, et fils de Poros, rusé et créatif. Il est en perpétuels recherche et déséquilibre.

Cette description s'applique à Socrate-Éros-philosophe : « Hardi, beau parleur, effronté impudent, jamais à court de paroles, un vrai renard », comme le décrira Aristophane dans *Les Nuées.* « Véritable magicien qui ensorcelle les âmes par ses paroles », dira Alcibiade dans le *Banquet.* Endurant, il résiste au froid, à la faim et à la peur mais aime aussi la bonne chère, le bon vin, même s'il supporte les privations.

Ce personnage de Socrate nous plonge donc au cœur de la philosophie. Il nous fait comprendre que la philosophie n'est pas une théorie mais une pratique, un combat, une doctrine du salut qui nous transcende, nous transforme et nous accompagne. La philosophie est la confrontation de différentes perspectives du monde. La philosophie est une arène, disait Kant.

La philosophie n'est pas une discipline qu'il suffirait d'apprendre, un savoir à enseigner. La philosophie est à accueillir non pas au niveau du prendre ou de l'apprendre, mais au niveau du don, de la donation. On ne peut apprendre la philosophie, disait Kant, il faut apprendre à désapprendre, il faut s'ouvrir à philosopher. On appelle cela l'hospitalité ou la tendresse. Il s'agit là d'accéder à la jouissance de philosopher, pas parce qu'on l'a voulu, mais parce que cela nous est tombé dessus comme un cadeau. Cette signification fondamentale est visible quand saint Augustin écrit : *« Quid enim est aliud quod dicimus frui nisi praesto habere quod diligis » :* « Qu'est-ce en effet d'autre ce que nous nommons jouir, si ce n'est avoir présent ce que l'on aime par prédilection ? » Cette exigence à philosopher, qui se donne à certains comme un cadeau, est au-delà de tout besoin, de tout sujet, de tout impératif. Cet « il faut » transcende absolument tout besoin pour déployer sa spécificité. Ce n'est donc pas dans les livres qu'on apprend à philosopher. C'est, primordialement, avant tout, une *praxis,* une pratique, qui continue à gouverner la *theoria,* la théorie.

« Connais-toi toi-même », « désirer la sagesse » étaient deux buts dans ma vie, que le désir du Beau, de la Vérité, de la Justice devait essayer d'atteindre. Il me semblait qu'il était temps d'aller voir et écouter ceux qui pouvaient m'aider à penser. Tous les matins sur les ondes déferlait l'avis de footballeurs, stars, comédiens, politiques. C'est à eux que l'on posait les questions. Comment mieux vivre, comment penser, comment vaincre ses peurs. Il m'apparut évident qu'il existait des gens mieux qualifiés qu'eux pour répondre à ces questions. Les questions que je me posais, il fallait donc que je les pose aux philosophes. À la philosophie.

C'est ainsi qu'est née l'idée de « Regards de philosophes », une série de dix documentaires présentés sous forme de dialogue virtuel entre deux philosophes d'obédiences différentes. Ce sont cinq autres de ces interviews originales et intégrales que je retranscris dans cet ouvrage.

Comme Socrate, je voulais interroger. La maïeutique et le dialogue me paraissaient le meilleur moyen. Pourquoi ai-je interrogé des philosophes contemporains ? Plongés dans le XXIe siècle, nous affrontons tous une culture, un monde. Ce monde, j'en étais sûre, nous pouvions agir sur lui, redonner du sens à notre vie, l'éclairer par notre réflexion, nous ouvrir à la religion et à la spiritualité. Mais pour cela, il fallait redonner sa pleine mesure à la philosophie, revenir à la conception qu'en avaient les Grecs : pas simplement une théorie, mais une pratique.

Pour tous ces philosophes, nous vivons un monde de métamorphoses, un moment de bascule particulièrement violent mais fascinant. Quotidiennement, nos conditions de vie changent radicalement. Il fallait que j'interroge les modalités de notre mutation, le sens de la globalisation, la place de l'Occident et de l'Europe dans le monde pour pouvoir tracer les lignes de notre avenir économique et social. Notre monde peut-il faire face aux deux grands dangers qui nous guettent et qui pourraient provoquer la destruction pure et simple de l'homme : la technocratie excessive et la théocratie, la technique inhumaine et le fondamentalisme destructeur ?

La science a reculé les limites de la vieillesse, de la mort. La maladie est mieux soignée, la famine recule, bien que des clivages s'accroissent entre ceux qui ont accès au mode de vie occidental et ceux qui restent à la périphérie. Mais dans ce monde, une souffrance demeure omniprésente, pour tous ceux que j'ai interrogés, celle liée à la condition humaine et au besoin de spiritualité. Un besoin devenu plus que jamais nécessaire aujourd'hui.

C'est pour les faire réagir et mettre en résonance leurs pensées respectives que je suis allée à la rencontre de grands philosophes, et plus particulièrement de cinq d'entre eux, Luc Ferry, René Girard, Alain Finkielkraut, Fabrice Hadjadj et Lucien Jerphagnon. Ils éclairent d'une lumière inédite et incomparable notre société et ouvrent de nouveaux horizons. Ils expriment une vision innovante sur le futur de l'homme. Que faire face aux maux qui nous menacent : globalisation, hypertechnologie, flux d'informations harassant, fractures sociales multiples, pauvretés matérielles et spirituelles, conflits, attentats terroristes, violence, crises sociétales, économiques et religieuses ? Comment s'affirmer avec son identité et ses croyances, sans tomber dans le radicalisme ?

Ces « proches de la sagesse » s'expriment sur tous les sujets de notre temps : scientifique, littéraire, philosophique, éthique, religieux… et surtout expriment leur pensée en dehors de toute contrainte et loin du « politiquement correct ». Liberté qui permet de bousculer toutes les idées reçues !

À travers mes interviews, j'ai voulu mettre en valeur les thèmes qui nous sont chers à tous, les grands thèmes philosophiques. Le rôle de la philosophie, la vérité, la liberté, le courage, l'éthique et la science, les nouvelles technologies, le nouvel homme, le Bien et le Mal, le sacré et les religions, la mort, la souffrance et la vieillesse, les dangers de notre société, notre quête effréné du bonheur, la constance de la violence, l'accès au savoir. Je voulais aussi développer les grands thèmes chrétiens : la tempérance, la prudence, la justice, l'Autre, l'Amour, les vertus, la foi, la charité, l'espérance. Les valeurs du christianisme sont autant d'idées et de réalités, ancrées dans l'essence même de l'homme, qui s'inscrivent dans la mouvance contemporaine et qui sont une certaine garantie de salut pour l'homme du XXIe siècle.

L'homme est à l'âge de fer de sa vocation d'homme planétaire et doit à tout prix réussir son passage vers l'âge adulte. Pour aller plus loin dans ma quête, il fallait faire un état des lieux de la planète, éclairer le sens de la globalisation, la place de l'Occident et de l'Europe dans le monde, la relation des trois monothéismes pour nous aider à cerner notre avenir. Il fallait s'interroger sur les conséquences de la mondialisation et de la modernité sur notre pensée, sur nos actions, sur notre comportement social, économique, spirituel et religieux.

J'ai repris mon bâton de pèlerin, dans ma quête de vérité. Dieu existe-t-il ? Les monothéismes peuvent-ils se réconcilier ? Sommes-nous tentés par le manichéisme ? Le Mal est-il notre tache originelle, essentielle, dont nous ne pouvons nous débarrasser et qui nous conduit irrémédiablement aux pires horreurs ? Les préceptes christiques – la tempérance, la prudence, le courage, la justice et les vertus théologales – sont-ils les seuls à pouvoir nous sauver ? La foi, l'espérance et la charité sont-elles des vertus encore praticables dans notre monde ? Toutes ces questions et bien d'autres restaient sans réponse. J'ai tenté de les éclaircir.

Avant tout, il me fallait une vision globale de l'histoire de la philosophie, de l'Antiquité à nos jours. Et voir s'il y avait une continuité. Luc Ferry pouvait m'y aider. Pour lui, la philosophie est fondamentalement une sotériologie, une doctrine du salut. Elle s'est exprimée différemment à travers les siècles mais a toujours eu pour but de nous aider à vaincre les peurs, nous apprendre à vivre. Luc Ferry pense que nous pouvons cultiver la transcendance, en nous, par la sagesse de l'Amour. Mais pour cela il faut comprendre notre mode de fonctionnement et notre spiritualité. À travers ses livres, il nous éclaire sur ce qu'a été et ce qu'est la philosophie en Occident, de Parménide jusqu'à nos jours en passant par Aristote, Kant, Descartes, Nietzsche.

Après le moment de bascule que nous sommes en train de vivre, ce bouleversement analogue à la révolution néolithique et aux transformations du monde du début de l'ère chrétienne de saint Paul, il était intéressant d'interroger la place du Mal dans notre société et de comprendre pourquoi l'homme qui se croyait, par sa culture, protégé par la civilisation, à l'abri de la barbarie, avait pu commettre les pires atrocités et engendrer le mal absolu avec la Shoah. Pourquoi cette violence en l'homme ? Pourquoi le Mal nous habite-t-il comme une tache originelle, liée à notre chute ?

René Girard pouvait-il m'éclairer ? Archiviste-paléographe et philosophe, il est l'inventeur de la théorie mimétique, à la base de toute violence dans les sociétés archaïques mais aussi dans notre société moderne. Je repensais à tous les mythes grecs : Médée, le sacrifice d'Iphigénie, le meurtre d'Agamemnon, le mythe d'Œdipe. Je voyais toutes les guerres, tous les conflits et la violence du monde. Pour René Girard, l'homme est plus violent que les animaux car il est le plus imitateur. Plus nous nous imitons et plus nous devenons proches. Mais, principe paradoxal, plus nous devenons proches, puis amis, et plus nous désirons les mêmes objets et risquons de devenir ennemis. C'est ce que René Girard appelle la « géométrie triangulaire du désir ». Nous allons désirer ce que le modèle que nous admirons désire et donc le combattre pour obtenir l'objet de notre désir.

C'est alors la montée aux extrêmes de la violence : guerres, meurtres, assassinats, terreurs totalitaires. Dans les sociétés archaïques, le bouc émissaire est la victime expiatoire, coupable pour tous, qui permet de retrouver la paix et d'éloigner le spectre mortifère de la vengeance. Pour René Girard, que nous ayons la foi ou que nous ne l'ayons pas, c'est en suivant les préceptes du Christ que nous pouvons nous sauver et sauver l'humanité. René Girard nous apprend comment combattre cette irréductible violence en nous. La foi, c'est comprendre que le bouc émissaire n'est pas coupable, mais innocent. Telle est la révélation que nous fait le Christ. Sa crucifixion, sa mort et sa résurrection mettent fin à notre propre violence car nous prenons conscience de son innocence et que, s'il est venu sur Terre, c'est pour nous sauver, pour nous enseigner l'amour et non pas la guerre.

Pour René Girard, l'amour triomphe toujours parce qu'il y a la Résurrection. Le Christ est venu instaurer une totale non-réciprocité dans le mal. René Girard fait le choix métaphysique. Encore faut-il l'accepter.

Il était intéressant de questionner Alain Finkielkraut qui pense que nous sommes encore loin de ce triomphe de l'Amour. Pourtant, l'Europe a tout fait pour essayer de vaincre ses démons, sa tentation de violence et de domination, en inscrivant dans la Constitution de l'Unesco un certain relativisme culturel et en plaidant pour l'égalité des cultures. Il n'y a pas la civilisation face aux barbares et aux sauvages, il y a une multiplicité de cultures.

Pour lui, ce relativisme, qui devait nous mener à la sagesse de l'Amour, nous a fait paradoxalement abandonner tout jugement de valeur et entrer dans la déshérence de l'esprit.

Face à cette « défaite de la pensée », cette impossibilité d'affirmer nos propres valeurs, Alain Finkielkraut défend la vraie culture, la liberté et la pensée libre, constitutive de la démocratie et élaborée par la philosophie ainsi que par certaines valeurs politiques et républicaines.

Au pessimisme lucide d'Alain Finkielkraut, nous avons confronté la pensée de Fabrice Hadjadj. Pour ce philosophe, afin de donner du sens à notre vie, il faut se poser la bonne question : « Qu'est-ce que c'est qu'être humain ? » Il faut réouvrir l'histoire par l'espérance. Face à la technocratie excessive qui mène à la technique inhumaine et à la théocratie qui peut dégénérer en intégrisme et en fondamentalisme destructeurs, comment donc définir l'homme ? Comment protéger l'homme de la barbarie et en même temps lui redonner les moyens de penser ?

Face aux dangers de la société et à ses dérives, la seule possibilité est de réintroduire le visage de l'Autre et les valeurs chrétiennes. Fabrice Hadjadj revisite d'une façon talmudique les concepts de la religion et des institutions de la société pour mieux réaffirmer le christianisme comme essentiel à l'homme. Pour lui, l'homme ne peut pas échapper à la religion. Son statut est lié à la transcendance et nous risquons de le perdre si nous nous laissons aller aux extrêmes ou au laxisme.

Qui pouvait décrypter cette force du christianisme, cette tentation du christianisme, mieux que Lucien Jerphagnon ?

Lucien Jerphagnon est animé par la volonté de faire redécouvrir les mythes anciens, susceptibles d'éclairer les événements du monde moderne autant que la complexité de l'homme. Il s'est intéressé aux débuts du christianisme et surtout à ce qu'a été la tentation du christianisme. Dans le monde romain de l'Antiquité, imprégné de stoïcisme, d'épicurisme et de platonisme et surtout dans ce monde païen polythéiste où toutes les religions sont admises, pourvu qu'on sacrifie aux dieux de la cité, il s'est attaché à expliquer le développement foudroyant du christianisme. Il a dévoilé pourquoi une religion d'une certaine manière « excentrique », comme l'était le christianisme, est devenue dès le IVe siècle sous Constantin la religion du plus grand empire, l'Empire romain, et comment elle s'est installée ensuite au cœur de la culture occidentale. Peu de philosophes ont insisté sur le caractère improbable du phénomène. Lucien Jerphagnon a mis en lumière la place du christianisme dans le monde actuel. Il nous a éclairé sur ce qu'est la croyance, le Christ, la fraternité, l'amour. Et comme saint Augustin, il nous a montré que l'amour et la religion sont une quête difficile et exigeante mais illuminante. Expérience historique, expérience personnelle, quête à travers le temps et l'espace, quête intérieure : la démarche de Lucien Jerphagnon nous mène ainsi au cœur du message chrétien.

Aujourd'hui qu'il n'y a plus l'Académie de Platon ni le Lycée d'Aristote, ni les Jardins d'Épicure, ni même le Portique des stoïciens, le philosophe n'est plus un philosophe du dialogue et de la confrontation permanente. Il doit affronter sa propre solitude. Pierre Hadot, à la fin de son livre *Qu'est-ce que la philosophie antique ?*, le souligne avec force. Le philosophe contemporain éprouve « son impuissance dans un monde déchiré entre deux inconsciences : celle que provoque l'idolâtrie de l'argent et celle qui résulte de la misère et de la souffrance de milliards d'êtres humains. Dans de telles conditions, le philosophe, décidément, ne pourra jamais atteindre à la sérénité absolue du sage. Philosopher, ce sera donc aussi souffrir de cet isolement et de cette impuissance. Mais la philosophie antique nous apprend aussi à ne pas nous résigner, à continuer à agir raisonnablement et à nous efforcer de vivre selon la norme qu'est l'Idée de sagesse, quoi qu'il arrive et même si notre action nous paraît limitée ».

Comme le disait Marc Aurèle dans ses *Pensées :*

« N'espère pas la République de Platon, mais sois content si une petite chose progresse et réfléchis au fait que ce qui résulte de cette petite chose n'est précisément pas une petite chose ! »

Anne Christine Fournier

Entretien I

Luc Ferry

Présentation

Luc Ferry est agrégé de philosophie, docteur d'État et agrégé de sciences politiques. Universitaire, ancien président du Conseil national des programmes au ministère de l'Éducation nationale, il a été du 7 mai 2002 au 31 mars 2004 ministre de la Jeunesse, de l'Éducation nationale et de la Recherche. Il est l'auteur d'une cinquantaine de livres, traduits dans une quarantaine de langues, dont : *Heidegger et les Modernes* (avec la collaboration d'Alain Renaut, Paris, Grasset, 1988), *Pourquoi nous ne sommes pas nietzschéens* (ouvrage collectif, Paris, Grasset, 1991), *Le Nouvel Ordre écologique* (Paris, Grasset, 1992), *La Sagesse des Modernes* (avec la collaboration d'André Comte-Sponville, Paris, Robert Laffont, 1998), *Le Sens du Beau* (avec la collaboration de Philippe Sollers, Paris, Éditions du Cercle d'Art, 1998), *Qu'est-ce qu'une vie réussie ?* (Paris, Grasset et Fasquelle, 2002), *Apprendre à vivre. Traité de philosophie à l'usage des jeunes générations* (Paris, Plon, 2006), *Vaincre les peurs* (Paris, Odile Jacob, 2006), *Familles je vous aime* (Paris, XO Éditions, 2007), *Apprendre à vivre 2. La Sagesse des mythes* (Paris, Plon, 2008), *La Tentation du christianisme* (avec la collaboration de Lucien Jerphagnon, Paris, Grasset, 2009), *Quel devenir pour le christianisme ?* (avec la collaboration de Philippe Barbarin, Paris, Salvator, 2009), *La Révolution de l'amour* (Paris, Plon, 2010), *L'Invention de la vie de bohème* (Paris, Éditions du Cercle d'Art, 2012).

Pour Luc Ferry, la philosophie est fondamentalement une sotériologie, une doctrine du salut. Elle s'est exprimée différemment à travers les siècles mais a toujours eu pour but de nous aider à vaincre les peurs, de nous apprendre à vivre. Il pense que nous pouvons cultiver la transcendance en nous par la sagesse de l'Amour. Et c'est à cette sagesse qu'il nous initie ainsi qu'à la sagesse antique, à travers les mythes qui sont « l'origine première de ce que la grande tradition de la philosophie grecque va bientôt développer sous une forme conceptuelle en vue de définir les contours d'une vie réussie pour les mortels que nous sommes », nous annonce-t-il dans son livre *Apprendre à vivre 2. La Sagesse des mythes.*

Mais pour cela, il faut comprendre notre mode de fonctionnement et notre spiritualité. À travers ses livres, il nous éclaire sur ce qu'a été et ce qu'est la philosophie en Occident à travers les âges, de Parménide à nos jours, en passant par Aristote, Kant, Descartes, Nietzsche, et sur ce que nous apprennent ces grands moments de l'histoire de la philosophie.

À la question « Qu'est-ce que la philosophie ? », il répond dans son livre *Apprendre à vivre,* s'adressant à la jeune génération : « Je vais te raconter l'histoire de la philosophie. Pas toute, bien sûr, mais quand même ses cinq plus grands moments… Si tu prends la peine de me suivre, tu sauras donc vraiment en quoi consiste la philosophie, comment elle éclaire de façon irremplaçable les multiples interrogations qui portent sur la façon dont nous pourrions ou devrions conduire nos existences. »

Pour Luc Ferry, il faut dépasser la définition courante de la philosophie : une discipline de la réflexion et l'apprentissage de l'argumentation. C'est une définition réductrice qui apparaît à partir du christianisme car ce dernier s'est arrogé la question du salut, réduisant la philosophie à un simple moyen de réflexion.

La philosophie, de fait, va beaucoup plus loin. Réfléchir, argumenter, tout le monde peut le faire, journalistes, politiques, économistes…

Pour les grands penseurs grecs, la philosophie n'a rien à voir avec la critique. La philosophie pose une question fondamentale : la question de la vie et de la mort. La philosophie est une tentative grandiose de surmonter nos peurs. D'où l'expression « sotériologie ». La philosophie est une doctrine du salut mais sans Dieu, contrairement aux religions. Le salut, nous pouvons y arriver par nous-mêmes. Pour Luc Ferry, nous avons la transcendance, le religieux, mais à l'intérieur de nous-mêmes. C'est ce qu'il appelle la « transcendance dans l'immanence ». Si nous retraçons l'histoire de la philosophie, nous nous apercevons que l'homme n'a cessé de vouloir répondre à la question : quelle est notre place dans le monde ?

L'histoire de la philosophie peut se scander en cinq périodes. Pour ces cinq périodes, il faut considérer trois temps. 1. La théorie ou l'état des lieux. 2. L'éthique ou les règles du jeu. 3. La doctrine du salut ou le sens de notre vie. Chaque époque philosophique nous mène à cette doctrine du salut.

Pour les Grecs de l'Antiquité et les stoïciens, l'ordre du monde, c'est le cosmos. C'est l'idée que le monde est un ordre magnifique, d'ordre divin car c'est un ordre harmonieux, juste et bon.

L'éthique, pour eux, sera justement d'atteindre l'harmonie du cosmos et la doctrine du salut, c'est la question de la sagesse, du sens, la question de la vie et de la mort.

Pour le christianisme, Dieu est au centre du monde. « Au commencement est le Logos », le Verbe, c'est Dieu et le « Verbe s'est fait chair » (Évangile selon saint Jean).

L'éthique se traduit par l'Amour plus fort que la mort. Et le salut, c'est la foi en la résurrection et en la promesse de Dieu.

Puis vient l'humanisme du XVIe au XVIIIe siècle. L'homme est au centre du monde et tout repose sur la théorie de la connaissance.

Le cosmos s'est effondré, la théologie est vacillante, l'esprit critique apparaît. Il est important de souligner la différence entre l'homme et l'animal. Une nouvelle façon de rechercher la vérité apparaît. La doctrine du salut devient la création d'une nouvelle morale et d'une doctrine du salut terrestre. Ce sera celle des Droits de l'homme, du patriotisme, du scientisme, du socialisme et du communisme. Pour Luc Ferry, c'est le temps de la pensée élargie : la vie humaine n'a de sens que si nous élargissons l'horizon de notre pensée et que nous pouvons apprendre la sagesse.

Pour Luc Ferry, nous vivons actuellement en Occident une crise du « salut ». Face à la dépossession et au non-sens qui caractérisent le capitalisme mondialisé, il s'agit de savoir comment envisager l'avenir. Depuis Nietzsche, on ne peut pas penser si on ne parle pas de la grande déconstruction. Dans son livre *Ecce homo,* Nietzsche annonçait que tous les idéaux de la cosmologie grecque, ceux du christianisme et de l'humanisme, s'étaient effondrés. Il va plus loin dans *Crépuscule des idoles* quand il pose la question qui figure en sous-titre de son livre : *Comment philosopher à coups de marteau.* « Je philosophe avec un marteau pour casser les pieds d'argile de ces idoles », dit-il.

Nietzsche invente une doctrine du salut : celle de l'« innocence du devenir », une doctrine pour sauver des peurs, peurs psychiques, peurs de l'accident, peurs du noir, peurs de l'inconnu, peurs fondamentales de la vie. Sa doctrine s'énonce dans l'*amor fati,* textuellement l'« amour du destin », mais surtout l'amour du présent, de ce qui est. Comme le dit André Comte-Sponville : « Il faudrait apprendre à vivre en regrettant un peu moins, en espérant un peu moins et en aimant un peu plus. » Vivre ici et maintenant. C'est le seul idéal acceptable du nihilisme nietzschéen.

Pour Luc Ferry, après le nihilisme et le matérialisme, la philosophie postmoderne et contemporaine, face à l'absurdité du non-sens, se doit de répondre par une phénoménologie de la Transcendance et de l'Amour.

Actuellement, les hommes cherchent mais ils ne veulent pas l'admettre. C'est cela que Luc Ferry veut leur transmettre. Sa recherche consiste en une succession de questions. Quelle sagesse face à la mort ? À quoi cela sert de vieillir ? Comment penser la phénoménologie de la transcendance ? La transcendance est à trouver dans l'immanence. Pour lui, la mondialisation détruit les cultures, la biodiversité, elle accroît les inégalités. Mais elle a aussi des côtés positifs : les pauvres sont moins pauvres et, à long terme, elle peut être une chance pour tout le monde. Le vrai problème est que nous entrons dans un monde qui nous échappe de toutes parts quasi structurellement. Il faut penser la finitude humaine. Élargir sa pensée. S'arracher de soi. Il faut être dans l'éthique de la responsabilité. Et Luc Ferry nous apprend que l'Amour, à travers ses différences, est devenu un nouveau principe de sens qui met en place une nouvelle philosophie. Face à la globalisation du monde contemporain, la Sagesse de l'Amour est la clé de l'avenir de l'homme.

La philosophie est avant tout une doctrine du salut

Qu'apporte la philosophie dans le monde perturbé d'aujourd'hui ? Où se situe la place de l'homme, comment affirmer ses croyances ? Vous définissez la philosophie comme une sotériologie, une doctrine du salut. Pouvez-vous nous retracer les grands moments de l'histoire de la philosophie ?

Commençons par la question classique de la définition de la philosophie. Elle peut paraître ennuyeuse a priori, mais vous allez voir qu'il n'en est rien : elle nous conduit au cœur de nos questions existentielles les plus intéressantes. Dans la tradition française, on a pris l'habitude de définir la philosophie comme un exercice de réflexion, comme un apprentissage de l'argumentation, bref, comme une espèce de méthode de pensée. En fait, la philosophie n'a aucun rapport avec cela. Évidemment il est bon de réfléchir, d'argumenter mais, en vérité, tout le monde réfléchit, argumente, les scientifiques, les journalistes, les politiques... Croyez-vous qu'un biologiste, un écrivain, un mathématicien ou même une mère ou un père de famille face à l'éducation de leurs enfants ne réfléchissent pas ? Cette définition de la philosophie comme réflexion, comme esprit critique, est liée à une histoire bien française, une histoire tout à la fois catholique et républicaine. Au Moyen Âge, le christianisme, comme l'a montré fort intelligemment Pierre Hadot, un de nos meilleurs spécialistes de l'Antiquité, a conduit la philosophie à devenir une discipline scolaire, une pure « scolastique ». Ce fut là un des effets majeurs de la victoire du christianisme sur la philosophie grecque. Le christianisme s'est en effet arrogé le monopole de la question du salut, c'est-à-dire le monopole de la question du sens, de la vie bonne, de ce que nous faisons sur Terre, et il a renvoyé la philosophie à une simple étude des notions et à la réflexion abstraite. À cette relégation de la philosophie vers des tâches subalternes, purement conceptuelles, sans plus de lien avec la grande question grecque de la vie bonne et de la sagesse, est venue s'ajouter une autre tradition bien française, un héritage républicain qui est lié à la création de la classe de terminale en France en 1809. Le décret qui institue cette classe est intéressant. Il stipule qu'on étudiera les fondements de la logique, de la métaphysique et de la morale ainsi que les opinions des philosophes. Pourquoi en terminale ? Parce que c'est la classe qui marque la fin de l'enfance et l'entrée dans l'âge adulte. L'idée, c'est que pour être un vrai citoyen, un citoyen digne de ce nom, il faut avoir non seulement une autonomie financière, mais aussi intellectuelle. Il faut être capable de *« sibi sufficientia »*, en clair : être capable de penser par soi-même, d'exercer sa réflexion et son esprit critique, et c'est à cela que la classe de philosophie était donc destinée.

Chez les grands penseurs grecs, la philosophie n'a pratiquement aucun rapport avec cet exercice de la critique, de l'argumentation et de la réflexion, mais avec la question fondamentale : qu'est-ce qu'une vie bonne pour les mortels, comment parvenir à la sagesse – ce que le mot « philo-sophia », amour ou quête de la sagesse, désigne d'ailleurs dès l'origine. Bien entendu, il faut réfléchir, argumenter, critiquer, comme on le voit dans les dialogues de Platon par exemple, mais ce n'est qu'un moyen et pas une fin en soi. Quand vous lisez le *Manuel* d'Épictète, ou même les œuvres d'Épicure et de Lucrèce, a fortiori les grands livres de morale d'Aristote, tous affirment à un moment ou à un autre de leur discours que la question fondamentale, celle à laquelle nous devons, dit Épictète, consacrer toutes nos pensées, c'est la question de la mort. Du reste, vous voyez bien que dans la mythologie grecque, dont la philosophie, comme l'a montré Jean-Pierre Vernant, est sortie directement, la distinction entre « mortels » et « immortels » est cruciale entre toutes. La philosophie se présente comme une formidable tentative d'aider les humains à surmonter les peurs, et en particulier la peur de la mort. C'est en ce sens qu'elle est une doctrine du salut, une pensée qui essaie de nous sauver des peurs liées à la finitude humaine. « Sauver » et « salut » ont la même étymologie. Il s'agit de se sauver des peurs pour parvenir à bien vivre. Pour les philosophes grecs, quand on a peur, on ne peut pas être libre, on ne peut pas aimer, ni être généreux. On ne peut pas accéder à la vie bonne. Donc la philosophie fondamentalement va être d'abord et avant tout une doctrine du salut, mais sans Dieu, une sotériologie athée, une spiritualité laïque. En effet, à la différence des grandes religions, elle prétend qu'on peut arriver au salut par soi-même et par la raison, alors que les grandes religions pensent y parvenir par la foi et par Dieu. C'est pour cette raison que dans la tradition chrétienne, chez saint Augustin et Pascal, par exemple, les philosophes ont toujours été décrits comme des gens arrogants, prétentieux. Saint Augustin dit toujours : « Vous les superbes », quand il parle des néoplatoniciens, car à ses yeux ils n'ont pas l'humilité de s'en remettre à la main de Dieu pour se sauver. Pour un croyant, prétendre parvenir au salut, à la vie bonne par soi-même et par la raison est une preuve d'arrogance. Pour les chrétiens, c'est évidemment par Dieu et par la foi qu'on est sauvé, pas par soi-même ni par la raison. Comme le dit Luther dans ses grands écrits réformateurs : « Seriez-vous bonnes œuvres des pieds jusqu'à la tête que vous ne seriez pas sauvés pour autant. » Seule la foi sauve – et c'est cela que la philosophie récuse, bien qu'elle ait au fond le même but que la religion : aider les mortels que nous sommes à parvenir à la sagesse, c'est-à-dire à la vie bonne. Voilà le point de départ de ma réflexion et je pense que cette définition de la philosophie, qui est évidente, par exemple, chez un penseur comme Spinoza, vaut en réalité pour tous les grands systèmes philosophiques, de Platon jusqu'à Heidegger qui lui aussi, en un sens, voulait aider les humains à accéder à une vie « authentique » ainsi qu'à la « sérénité » *(Gelassenheit).* Je précise que, bien entendu, cette tâche ultime de la philosophie n'en exclut nullement deux autres, qui la précèdent même : il s'agit bien sûr de la connaissance et de la morale. La première tâche de la philosophie est bien évidemment de connaître le monde comme terrain de jeu de l'existence humaine (c'est la fameuse « théorie de la connaissance »), la deuxième est bien entendu aussi de s'interroger sur les règles du jeu (c'est la non moins fameuse question du juste et de l'injuste), mais finalement, c'est la question du but du jeu qui est la plus haute et la plus importante. À vrai dire, tout au long de l'histoire de la philosophie, elle commande largement les deux premières.

TROIS GRANDES ÉTAPES SCANDENT LES GRANDES VISIONS DU MONDE

Vous avez défini cinq grandes périodes de l'histoire de la philosophie, de l'Antiquité jusqu'à nos jours, et dans chacune de ces grandes visions philosophiques, vous avez utilisé une grille de lecture différenciant trois étapes : la théorie, la pratique qui mène à l'éthique et la doctrine du salut. Pouvez-vous nous parler de ces trois étapes ? Vous commencez par la théorie, c'est-à-dire voir Dieu, voulez-vous dire qu'il y a du divin ?

Le divin n'est pas Dieu. On peut parler du « divin Mozart » sans le prendre pour un immortel. Comme je vous le disais à l'instant, la première tâche de la philosophie, qui va pour la remplir s'aider des sciences, c'est la connaissance du terrain de jeu dans lequel votre vie va se dérouler et ce terrain de jeu, bien entendu, n'est autre que le monde. Est-il compréhensible ou non, rationnel ou pas, harmonieux ou chaotique, hostile ou favorable, etc. ? Dans la grande tradition des cosmologies grecques, qui vont de Parménide aux stoïciens, en passant par Platon et Aristote, ce que Rémi Brague nomme à juste titre les « sagesses du monde », il s'agit donc d'abord et avant tout de comprendre le cosmos. C'est la tâche de la *theoria*. Une des étymologies plausibles du mot *theoria* serait : *« theion orao »,* ce qui veut dire en grec « je vois le divin ». Pourquoi les stoïciens disent-ils que le monde est divin, *theion ?* Le mot n'est pas du tout à entendre en un sens « religieux », comme chez les chrétiens, par exemple, où Dieu est le créateur du monde, un être suprême transcendant, supérieur et extérieur à lui. C'est au contraire l'idée que le monde lui-même est un ordre « divin » en ce sens qu'il est magnifique, juste, harmonieux, bon et beau. Le cosmos est comme un organisme vivant, tel que le voit un physiologiste ou un médecin quand il ouvre le ventre d'un animal pour le disséquer. Que voit-il ? Des organes qui sont merveilleusement bien faits. Il n'y a rien de plus beau qu'un œil pour voir, que des poumons pour aérer les muscles ou qu'un cœur pour irriguer le corps. Or les humains *découvrent* cet ordre du monde, ils ne l'*inventent* pas. Il n'est pas créé par eux, il les transcende même s'ils sont dedans. Voilà pourquoi la *theoria* consiste à « voir le divin », c'est-à-dire à contempler la perfection du cosmos. C'est la première tâche, qui suppose ce qu'on appellera plus tard une « théorie de la connaissance » et de la vérité.

Très vite, la deuxième tâche apparaît. Pour reprendre la métaphore, il ne s'agit pas simplement de comprendre le terrain de jeu, de savoir s'il est beau ou laid, harmonieux ou non, favorable ou défavorable, s'il est hostile ou amical, mais aussi de comprendre les règles du jeu. C'est fondamentalement la question de l'éthique.

Puis vient la troisième tâche de la philosophie qui est non plus simplement de comprendre le terrain de jeu, puis les règles du jeu, les règles du juste et de l'injuste qu'on doit respecter avec les autres, mais de comprendre le but du jeu, le sens de toute cette étrange affaire. C'est la question de la sagesse, de la vie bonne ou, si vous voulez, du salut entendu comme ce qui nous sauve en quelque façon du non-sens de la finitude humaine – où l'on retrouve toujours en arrière-fond le rapport à la mort dont Schopenhauer disait que, s'il n'existait pas, la philosophie et la religion n'existeraient pas non plus.

Ces trois interrogations vont se retrouver dans les cinq grandes visions philosophiques du monde qui scandent notre philosophie occidentale. Tout commence par la cosmologie grecque. Vient ensuite la victoire du christianisme…

Cette doctrine est plus personnalisée, elle est plus humaine, contrairement à celle des Grecs qui est plus anonyme.

Oui, et c'est d'ailleurs le fil conducteur principal de toute cette histoire, qui va du moins subjectif, le cosmos, au plus humain, du plus transcendant par rapport aux hommes au plus immanent à l'humanité. Comme nous venons de le voir, dans l'essentiel de la tradition grecque (à l'exception des épicuriens, des atomistes et des sophistes qui forment comme une contre-culture), le divin décrit cette structure cosmique merveilleuse, mais qui est une structure du monde, anonyme, impersonnelle. Le divin n'est pas une personne qui aurait créé le monde. Ce qui va changer dans la doctrine chrétienne du salut, en ce sens, si j'ose dire, plus « performante » que la doctrine du salut grec, c'est que vous avez affaire à un Dieu personnel qui s'incarne dans un être humain lui aussi personnel, à savoir le Christ, l'homme-Dieu par excellence. La première phrase de l'Évangile selon saint Jean est : « Au commencement était le Logos », le Verbe, c'est-à-dire Dieu. C'est d'ailleurs le vocabulaire stoïcien que reprend l'Évangile de Jean, écrit bien sûr en grec. Puis, un peu plus loin, on trouve cette autre phrase : « Et le Verbe s'est fait chair. » Ce Verbe qui s'est fait chair, c'est le moment de l'Incarnation du divin dans la personne de Jésus. Et cette chair, on l'a rencontrée, vue, touchée, on a parlé avec elle. Dès lors que le divin devient une personne, la promesse du salut va complètement changer de sens, car elle va devenir une promesse personnelle s'adressant à des personnes. Ce n'est plus un salut anonyme comme celui des stoïciens qui nous promettent, comme feront aussi les bouddhistes, qu'en nous fondant dans l'ordre du monde, nous découvrirons que nous sommes un petit fragment de cosmos, d'une certaine manière un petit atome d'éternité, de sorte que nous n'avons plus à avoir peur de la mort. Les chrétiens, eux, nous promettent carrément que nous n'allons pas vraiment mourir, que nous allons même retrouver après la « fausse mort » seulement biologique tous ceux que nous avons aimés dans cette vie terrestre. Telle est la signification du fameux épisode de la mort de Lazare. Le Christ pleure quand il apprend que son ami Lazare est mort, ce qui veut dire que le Christ est un homme comme les autres. Il fait l'épreuve de la séparation, de la mort, mais il sait aussi que « l'Amour est plus fort que la mort ». Il sait qu'il va pouvoir ressusciter son ami et le retrouver corps et âme. Car la « bonne nouvelle » n'est pas seulement celle d'une résurrection des âmes, impersonnelle, mais celle d'une résurrection de la personne que vous avez aimée avec son visage, son sourire et son corps. Les chrétiens seront les seuls à faire cette promesse de salut qui va – saint Justin, premier Père de l'Église, l'annonce dès le IIe siècle dans ses *Apologies* – l'emporter sur la philosophie grecque. Ce sera vrai pendant quinze siècles, pratiquement sans aucun partage.

Le cosmos est donc au centre du monde, selon les Grecs. Dieu est au centre du monde et même s'est fait homme selon les chrétiens et, à partir du XVIe siècle, l'homme est au centre du monde.

Oui, après avoir défini la vie bonne en fonction du cosmos, puis de Dieu, c'est à partir de l'homme qu'elle va désormais tenter de se définir. Il faut dire que, de Kepler à Newton, une formidable révolution scientifique, une révolution dans les esprits et dans les cœurs, s'est produite, une révolution comme il n'y en a probablement jamais eu d'aussi grande dans aucune civilisation connue jusqu'à ce jour. Pour des raisons dans lesquelles je ne peux entrer ici, des scientifiques vont s'apercevoir qu'un certain nombre de choses ne sont pas exactes dans la cosmologie grecque. Par exemple, les astronomes vont découvrir ce qu'on appelle des « novas », des étoiles qui apparaissent dans le ciel ou plutôt qui explosent ou qui ont explosé il y a des milliers d'années. Il y a donc des changements dans le cosmos, ce qui ne correspond pas à la définition grecque de l'Univers comme une entité absolument éternelle et immuable. Tout change alors, même dans les domaines économique et social. On assiste à la naissance de la famille moderne, de l'idée démocratique et du capitalisme.

La cosmologie grecque va s'effondrer et, avec la révolution scientifique, le christianisme va être lui aussi ébranlé. Le christianisme ne s'effondre pas puisqu'il est toujours vivant aujourd'hui avec près de deux milliards de chrétiens dans le monde. Mais l'esprit critique, avec les découvertes de la science moderne, va remettre en question un certain nombre d'affirmations de l'Église. On va passer, comme l'a dit Alexandre Koyré, du monde clos des Grecs à l'univers infini des Modernes, ce qui fait que les grands esprits de l'époque vont se retrouver complètement perdus, ce que Pascal traduit par son fameux « silence des espaces infinis ». Le cosmos s'est effondré. On ne peut plus s'appuyer sur lui pour construire une philosophie. La théologie elle-même est vacillante. L'esprit critique apparaît, les arguments d'autorité sont rejetés – ce dont le cartésianisme, avec son doute méthodique et radical, sera bientôt le symbole le plus éclatant.

Par conséquent, il va falloir trouver un autre principe pour fonder une nouvelle théorie, une nouvelle éthique et une nouvelle doctrine du salut. Et ce principe, c'est l'être humain comme tel, le « sujet », comme dit la philosophie, c'est-à-dire la naissance de l'humanisme. Un immense débat va s'ouvrir au XVIIe siècle, avec Descartes et sa théorie des animaux machines, sur la question de savoir quelle est la différence spécifique entre l'humain et l'animal (en fait, ce débat commence déjà chez Pic de La Mirandole, dès la fin du XVe siècle). De nombreux ouvrages vont s'intéresser à cette différence tout au long du XVIIe et du XVIIIe siècle. Pourquoi ? Parce qu'il faut bien trouver dans ce petit être humain quelque chose de grandiose mais aussi de spécifique qui puisse remplacer le cosmos et le divin comme nouveau principe de sens. Une philosophie va être élaborée sur le principe de l'homme. Mais qu'y a-t-il de si extraordinaire en lui qu'il puisse prétendre remplacer le cosmos et Dieu ? Il faut découvrir une nouvelle théorie de la connaissance, une nouvelle façon de rechercher la vérité, mais aussi une nouvelle morale – ce sera celle des Droits de l'homme – et une nouvelle doctrine du salut. La tâche de l'humanisme naissant n'est donc pas simple. Vous comprenez bien qu'il n'est pas facile de fonder sur l'être humain, ce petit être mortel et plein de défauts, une doctrine du salut. Du reste, je ne suis pas certain que ce premier humanisme y parvienne vraiment de manière satisfaisante. Au XIXe siècle, la doctrine du salut la plus en vogue prendra la plupart du temps la forme d'un historicisme teinté de patriotisme et de scientisme – ce qui n'est, en tout cas à mes yeux, guère enthousiasmant. Pensez à Jules Verne. Dans notre enfance, on nous parlait des savants et des bâtisseurs. Chez Jules Verne, celui qui découvre un nouveau sommet ou le cœur de la terre est « sauvé » en ce sens (bien naïf !) qu'il restera pour l'éternité dans l'histoire du « Progrès ». Le communisme et le socialisme vont fondre les deux idées, au nom d'un patriotisme et d'un scientisme forcenés. Dans l'hymne cubain, encore aujourd'hui, on trouve cette phrase hilarante : « Mourir pour la patrie, c'est entrer dans l'éternité » où l'on voit comment une doctrine laïque et même matérialiste peut paradoxalement prendre la place de la cosmologie et de la religion, pour devenir une véritable « religion de salut terrestre ».

Pour une pensée élargie

À propos de la religion de salut terrestre et de l'humanisme, vous parlez de pensée élargie. Pour vous, si on n'est ni nationaliste, ni communiste, ni scientiste, nous pouvons ouvrir notre horizon par la pensée élargie. Pouvez-vous nous l'expliquer ?

C'est un peu plus compliqué. Dans cette période du premier humanisme, qui va de la Renaissance jusqu'à la première moitié du XXe siècle, il y a au fond trois façons d'aborder la question du salut. Nous venons d'évoquer le scientisme, le patriotisme, le communisme, donc des religions de salut terrestre. Mais toute une partie des Modernes va rester chrétienne. On va essayer de « moderniser » le christianisme, de le sortir des cadres de la philosophie ancienne (saint Augustin était platonicien, saint Thomas, aristotélicien) pour fonder un humanisme chrétien. Du coup, on va en grande partie renvoyer la question du salut à la sphère privée. C'est pourquoi, d'ailleurs, cette question va devenir un peu honteuse et sortir des grandes avenues légitimes de la philosophie. Parler du « sens de la vie » est devenu un peu ridicule pour nombre de mes collègues. La philosophie dominante des Modernes va s'atteler bien davantage à des tâches critiques qu'à la quête de la sagesse qui faisait pourtant son essence dans l'Antiquité. Voyez même chez Kant comment la question du salut reçoit une formulation chrétienne : « Que nous est-il permis d'espérer ? » Sa réponse passe par un christianisme « rationalisé », un christianisme des Lumières, mais un christianisme quand même. Pourtant, apparaît au même moment une autre idée, qui, elle, me semble en revanche extrêmement intéressante, une idée qui ne trouvera son plein épanouissement que dans la seconde moitié du xxe siècle, celle de la « pensée élargie ».

C'est l'idée que le sens de nos vies est lié au fait que nous sommes sur Terre non pour nous divertir (encore que ce ne soit pas interdit non plus), mais pour nous arracher à notre condition initiale, à nos particularités d'origine qui nous enferment dans un esprit borné. Par exemple, vous et moi, nous sommes français, nés au xxe siècle, dans un contexte particulier, une famille particulière, un milieu social et historique particulier, etc. Imaginez que nous quittions nos particularités pour voyager et en profiter pour apprendre une langue étrangère. Cet exemple est tout simple, mais parlant. En apprenant cette langue, nous allons entrer dans plus de communauté, d'universalité, plus de communication avec d'autres êtres, dans plus de compréhension, aussi, de leur culture, donc, si vous voulez, dans plus d'humanité. Si vous partez de l'idée que « connaître » et « aimer », c'est au fond, comme dans la Bible, le même mot, une nouvelle doctrine du sens et de la sagesse commence à apparaître. Cet élargissement de l'horizon va nous permettre de mieux connaître et de mieux aimer, donc d'être plus libre, moins dans les préjugés, dans les particularités locales, dans les communautarismes bornés et donc d'ouvrir le champ à la reconnaissance et à l'amour des autres. C'est dans cet esprit que j'ai cité dans plusieurs de mes livres ce fameux poème de Victor Hugo *Booz endormi :*

« Booz était bon maître et fidèle parent ;
Il était généreux quoique il fût économe ;
Les femmes regardaient Booz plus qu'un jeune homme,

Car le jeune homme est beau mais le vieillard est grand.
Le vieillard, qui revient vers la source première,
Entre aux jours éternels et sort des jours changeants ;
Et l'on voit de la flamme aux yeux des jeunes gens,
Mais dans l'œil du vieillard on voit de la lumière. »

Cette opposition entre la beauté du jeune homme et la grandeur du vieillard, entre la flamme et la lumière, indique très exactement cet élargissement de l'horizon. L'œil de ce vieux monsieur auquel pense Victor Hugo, probablement d'ailleurs pense-t-il à lui-même, le traduit comme différent de la jeunesse. Certes la jeunesse est à bien des égards enviable, mais il y a aussi un sens à vieillir. Cette idée traverse l'humanisme naissant, mais c'est seulement beaucoup plus tard, quand on commencera à dépasser les nationalismes qui nous enfermaient dans les particularismes et les communautarismes, qu'elle va constituer une nouvelle doctrine du sens, de la sagesse et du salut, un moyen de surmonter les peurs en acceptant cette expérience de l'élargissement de l'horizon.

L'innocence du devenir

La déconstruction nietzschéenne, qui voulait libérer les esprits, s'est renversée en son contraire, un nouvel asservissement désabusé à la dure réalité de l'univers de la mondialisation. Actuellement, il serait essentiel de retrouver une doctrine du salut. Comment y parvenir ?

Votre résumé est abrupt, mais pas faux. Il faut cependant l'expliciter. Rendons d'abord hommage à Nietzsche, écrivain magnifique et penseur d'une profondeur abyssale. De même qu'il n'est plus possible aujourd'hui de peindre comme si Picasso et Kandinsky n'avaient pas existé ou d'écrire de la musique comme si Schönberg n'avait pas composé, de la même manière je crois qu'il est impossible de penser aujourd'hui comme si Nietzsche n'avait pas marqué l'histoire de la pensée avec sa « déconstruction » au marteau des idoles de la tradition. Cette période de déconstruction, qui commence vraiment avec Schopenhauer, va s'étendre de la seconde moitié du XIXe siècle jusqu'à nos jours. Dans le domaine des arts, de la culture, c'est la période des avant-gardes.

Que nous dit Nietzsche ? Tout commence par une déconstruction de ce qu'il appelle le nihilisme. Chez lui, ce mot désigne le contraire de ce qu'on entend en général par cette notion aujourd'hui. Pour Nietzsche, le nihilisme, c'est le fait d'avoir des idéaux. Car selon lui, si on invente des idéaux transcendants, c'est toujours *in fine* pour nier le réel. C'est toujours au nom du Ciel qu'on nie la Terre, au nom de l'au-delà qu'on nie l'ici-bas, au nom de l'idéal qu'on nie la réalité, qu'on la dévalue. Il faut alors la changer, la transformer. En ce sens-là, pour Nietzsche, le comble du nihilisme, paradoxalement, c'est d'avoir des idéaux – alors qu'aujourd'hui on dit plutôt de quelqu'un qu'il est nihiliste quand il n'a pas d'idéal. L'héritage de Nietzsche dans la pensée contemporaine, et pas simplement dans la philosophie, va ainsi inspirer des courants de pensée, que ce soit dans la biologie, la sociologie et les sciences humaines de manière générale, qui vont avoir pour finalité de détruire ou de déconstruire les idoles, c'est-à-dire toute espèce de rapport à la transcendance. Dans la sociologie ou la biologie contemporaines, par exemple, toute la réflexion sur ce qu'on appelle les « fondements naturels de l'éthique », le darwinisme éthique, va tourner autour de l'idée que la transcendance est une illusion totale. Nous croyons en des idées transcendantes, les Droits de l'homme, la justice, le progrès, la beauté, etc., mais en réalité, ces idées sont produites soit par l'histoire, soit par notre nature, par notre infrastructure génétique. Par l'histoire : c'est le travail de la sociologie de déconstruire à la façon de Nietzsche ces croyances en des idoles, en des formes de transcendance. Par notre nature : c'est toute la thèse, par exemple, de quelqu'un comme Jean-Pierre Changeux, très grand biologiste qui passe sa vie à expliquer que ce que l'on prend pour des idées transcendantes, la beauté en art, les valeurs morales en éthique, sont en vérité les produits d'une infrastructure neuronale, d'une structure fondamentale qui est celle que dévoile la biologie et en particulier la génétique et les sciences du cerveau.

C'est déjà dans le même sens que Nietzsche, dans la préface d'un de ses grands livres, *Ecce homo,* un livre qui possède des connotations autobiographiques – ce qui est rare chez lui –, déclare qu'il ne faut pas attendre de lui l'édification d'un nouvel idéal après l'effondrement des idéaux anciens – ceux de la cosmologie grecque, du christianisme et de l'humanisme. Voici ce qu'il dit, pour le citer plus précisément : « Qu'on n'attende pas de moi que j'érige de nouvelles idoles, que les anciennes apprennent donc ce qu'il en coûte d'avoir des pieds d'argile ! Renverser des idoles – j'appelle ainsi toute espèce d'idéal – voilà mon affaire », Préface d'*Ecce homo*, §2.

Les idéaux de l'humanisme, ce sont les Droits de l'homme, la démocratie, les Lumières, mais aussi le socialisme, les libertés, le progrès, la République, etc. Selon Nietzsche, il faut que tous ces idéaux, toutes ces idoles apprennent ce qu'il en coûte « d'avoir des pieds d'argile », c'est-à-dire des pieds fragiles qu'il va casser avec son marteau. Un des sous-titres de *Crépuscule des idoles* est : *Comment on philosophe avec un marteau.* Le marteau sert à casser les pieds d'argile de ces idoles, de ces boursouflures métaphysiques que sont ces grands idéaux qui traversent toute la philosophie et toute la pensée : le monde intelligible de Platon, le Ciel des chrétiens, la démocratie des humanistes, etc. Nietzsche est d'abord et avant tout un déconstructeur.

Mais il ne va pas en rester là. Il va également inventer une magnifique doctrine du salut, ce qu'il appelle l'« innocence du devenir ». « Salut » veut dire « sauver », et sauver de quoi ? Des peurs, comme toujours, et si possible de la finitude humaine. Nietzsche va redécouvrir ici un thème cher aux anciens grecs, notamment aux stoïciens, selon lesquels le foyer de toutes les peurs qui nous empêchent de bien vivre se situe tout autant dans le passé que dans le futur. Pourquoi ? Parce que nos vies sont constamment prises en tenaille entre les deux. On est nostalgique du passé quand il a été heureux et, quand il a été douloureux, on est dans la culpabilité, les regrets, les remords, on se réveille la nuit tiraillé par ce que Spinoza appelait les « passions tristes ». Et quand on parvient à s'arracher aux attractions du passé, c'est presque toujours pour tomber dans une autre illusion, celle de l'avenir, de l'espérance que « ça ira mieux après ». C'est là, par exemple, tout le thème des *Lettres à Lucilius* de Sénèque, stoïcien majeur de la Rome antique. On croit que tout ira mieux quand on aura changé de métier, de maison, d'amis, de voiture, de bateau, de ce que vous voulez. Cela ne change évidemment rien – ou pas grand-chose, à tout le moins.

Nietzsche reprend cette doctrine du salut, mais sous un autre nom. Il appelle cela l'« innocence du devenir », ou encore l'*amor fati,* l'« amour du destin », de ce qui est là, présent, devant nous. Il faut apprendre à habiter le présent, à se débarrasser des illusions liées à la nostalgie, aux passions tristes, mais tout autant à l'espérance, qui est peut-être l'illusion suprême. En quoi ce « nouvel idéal » n'en est pas un ? Ce n'est plus l'idole de la métaphysique, une nouvelle illusion de la transcendance, mais plutôt une attitude enracinée dans la vie, dans l'ici-bas et non plus dans le ciel. Au fond, c'est sans doute la première doctrine du salut totalement laïque, totalement athée, totalement désillusionnée. Parce que si nous réussissions à vivre ainsi – et nous y parvenons parfois, il y a des petits moments de grâce, de bonheur dans l'existence –, nous serions enfin débarrassés de nos peurs, sauvés de ces peurs. On retient le plus souvent de Nietzsche le moment déconstructeur, mais sa doctrine de l'*amor fati,* sans être aussi originale (on la trouve partout chez les anciens), est peut-être plus importante.

La sagesse de l'Amour

Quels sont les dangers du monde actuel ? Et face à ces dangers, quelle peut être la réponse de la philosophie ? Pouvez-vous nous parler de la philosophie postmoderniste ou contemporaine ?

Comme je vous le disais, à partir de la déconstruction nietzschéenne, qui va se poursuivre chez les autres penseurs du soupçon, Marx et Freud notamment, tout un travail se met peu à peu en place sous l'égide du matérialisme, avec la volonté d'anéantir toute forme de transcendance. Pour tout vous dire, je pense que cette entreprise, qui peut paraître grandiose au début, finit toujours par tourner à l'absurde. On ne peut pas se débarrasser comme ça de la transcendance, d'autant, et c'est là le point crucial à mes yeux, qu'il y a plusieurs sortes de transcendance, dont certaines ne sont pas « nihilistes » ni illusoires au sens de Nietzsche. Au reste, la plus petite vérité scientifique, même « 2 + 2 = 4 », me transcende, nous transcende, en ce sens qu'elle n'est pas une affaire de goût, mais s'impose à nous que nous le voulions ou non. Ce n'est pas quelque chose que j'invente, ce n'est pas quelque chose que la société produit, ce n'est pas quelque chose que la biologie a fabriqué. Et la transcendance de cette vérité pourtant élémentaire n'est pas non plus imposée par une institution, au nom d'argument d'autorité, comme on voulait imposer à Galilée l'idée que le Soleil tournait autour d'une Terre plate. Nous avons un sentiment de transcendance que nous ne pouvons pas nier et que nous devons analyser autrement que ne le fait le matérialisme. C'est vrai dans le domaine de la vérité, mais aussi de la beauté, de l'art. Quand vous écoutez une suite de Bach, cela vous tombe dessus, vous n'y pouvez rien. Au-delà de la vérité et de la beauté, nous trouvons encore deux autres sphères de transcendance : celles de la justice et, au plus haut, de l'amour. Comme on dit si bien, on « tombe » amoureux, on ne fait pas exprès d'être amoureux.

Or l'idée que je tente de développer dans mes livres, c'est qu'il existe un rapport à la transcendance qui n'est pas métaphysique ni religieux, qui n'est pas illusoire et qui est, en ce sens, un rapport post-nietzschéen. Quelque chose subsiste après la déconstruction nietzschéenne, que nous devons penser aujourd'hui. Il faut faire enfin une phénoménologie de la transcendance, une description qui n'apporte rien de l'extérieur. Il faut décrire les nouvelles formes de transcendance sans chercher à les nier, ni même peut-être à les expliquer.

C'est tout le débat que j'ai avec les matérialistes, mais aussi avec les chrétiens. Au fond, ils se ressemblent. Ils veulent à tout prix trouver un fondement au sentiment de transcendance que nous éprouvons. Les chrétiens lui donnent le nom de Dieu, ce qui explique la vérité, la beauté, la justice et l'amour. Les matérialistes affirment finalement la même chose, mais sans s'en rendre compte : *deus sive natura sive historia*. En lieu et place de Dieu, ils instituent la Matière en nouvelle divinité de sorte que c'est la biologie et l'histoire qui tentent de remplacer la philosophie et la religion. On se donne l'air désillusionné, on est athée, mais on n'en reste pas moins, si j'ose dire, comme le premier chrétien venu, dans une métaphysique du fondement.

Pour ma part, je cherche deux choses. Si je devais résumer ma recherche philosophique, elle est là :

1/ Une phénoménologie de la transcendance, non pas une « ontothéologie », non pas une recherche du fondement de la transcendance.

2/ Une phénoménologie de cette forme la plus haute de transcendance qu'est l'amour. Quelle sagesse en tirer ?

La question cruciale est toujours celle sur laquelle se concentrent les doctrines du salut : comment penser le deuil d'un être aimé quand on n'est ni matérialiste ni croyant ? Mais surtout, comment vivre avec ceux que nous aimons en sachant que dès qu'un être est né, il est assez vieux pour mourir ? Quel type de sagesse cette considération, pourtant très banale, nous inspire-t-elle ? C'est pour moi une question philosophique contemporaine, une question de fond à laquelle j'aurais la tentation d'apporter une réponse qui ne soit ni une réponse chrétienne ou religieuse, ni une réponse matérialiste.

Entretien II

René Girard

Présentation

René Girard, archiviste-paléographe de formation, est anthropologue et membre de l'Académie française depuis 2005. Il décrypte le mécanisme fondateur et mimétique de la violence, à la racine de tout ordre symbolique. Il dévoile, en revisitant les textes bibliques, l'origine cachée de l'homme. Professeur émérite de littérature comparée à l'université de Stanford, aux États-Unis, où il vit aujourd'hui, il est l'auteur d'une trentaine d'ouvrages, dont : *Mensonge romantique et vérité romanesque* (Paris, Grasset, 1961), *La Violence et le Sacré* (Paris, Grasset, 1972), *Des choses cachées depuis la fondation du monde* (avec la collaboration de Jean-Michel Oughourlian et Guy Lefort, Paris, Grasset, 1978), *Le Bouc Émissaire* (Paris, Grasset, 1982), *Je vois Satan tomber comme l'éclair* (Paris, Grasset, 1999), *Celui par qui le scandale arrive* (Paris, Desclée de Brouwer, 2001), *Achever Clausewitz* (Paris, Carnets Nord, 2007).

René Girard s'est intéressé aux phénomènes de violence mimétique, structurants pour toutes les sociétés. L'homme est plus violent que les animaux car il est plus imitateur. « Le vrai modèle du désir n'a pas une unique ligne droite entre le sujet et l'objet, ce n'est pas le sujet qui est décisif comme dans le romantisme, ce n'est pas l'objet qui est décisif comme dans le réalisme, mais c'est le rapport au modèle. » Nous allons donc désirer ce que le modèle que nous admirons désire et entrer en concurrence avec lui, jusqu'à le combattre pour obtenir l'objet de notre désir. Dans cette rivalité où les adversaires finissent par devenir les mêmes, l'objet perd sa valeur initiale, au profit d'une violence mimétique qui « monte aux extrêmes » : passage du « désir triangulaire » au « désir mimétique ». C'est pour canaliser ce danger (car la violence mimétique est contagieuse et risque de contaminer le groupe entier) que le sacrifice s'est peu à peu institué, au point de structurer, selon Girard, tous les ordres sociaux. En ce sens, l'État bâti pour maîtriser les violences intestines est un avatar du sacrifice.

En inventant la théorie mimétique, René Girard lance les bases d'une nouvelle anthropologie de la violence. Une science de la culture devient possible. Nous l'appelons tantôt sociologie, tantôt anthropologie. Mais ce qui caractérise notre civilisation moderne, c'est qu'elle nie d'une certaine façon la violence. Pourtant, les mythes (comme celui d'Œdipe) et les sociétés archaïques sont remplis de cette violence. La littérature déborde aussi de cette violence mimétique. Dans son livre *Mensonge romantique et vérité romanesque,* René Girard éclaire ce principe de l'objet du désir, désigné par un tiers et provocateur d'une escalade de la violence. Ainsi les héros de Stendhal, de Proust ou de Dostoïevski tissent entre eux des liens d'admiration, puis très vite de jalousie. Nous nous croyons libres mais c'est une « illusion romantique ». Nous sommes manipulés par les phénomènes de mode, de publicité, de marketing, etc.

La religion a, pour René Girard, à voir avec la violence. Son rôle essentiel est évident dans les religions archaïques où le sacrifice est au cœur de l'organisation sociale. La violence rituelle a quelque chose de particulier, en ceci qu'elle est dirigée sur des victimes, insignifiantes ou pas, que la société accepte de détruire : animaux ou hommes, prisonniers de guerre ou voisins qui deviennent des « boucs émissaires ». Dans l'univers précolombien, par exemple, on tuait des milliers de prisonniers de guerre par an – jusqu'à vingt mille – et on leur arrachait le cœur sur ces lieux de culte qu'étaient les pyramides.

Le sacrifice joue alors un rôle d'exutoire à la violence. Dans son livre *La Violence et le Sacré,* René Girard nous parle du sacrifice dans certaines sociétés primitives : les Nuer, les Dinka, les Andamanais, les Chukchi, les Bushong. « C'est la violence qui constitue le cœur véritable et l'âme secrète du sacré. » Tous se regroupent dans un premier temps contre une victime intérieure (victime émissaire, c'est-à-dire victime du lynchage fondateur) que remplacera ensuite, à intervalles réguliers, une victime extérieure au groupe, immolée après avoir été dûment sélectionnée (victime sacrificielle ou rituelle) : « Cette *catharsis* mineure, écrit René Girard, dérive d'une *catharsis* majeure. » Le sacrifice joue ainsi un rôle préventif, pacificateur et unificateur. L'esprit de vengeance est écarté. La société peut vivre un temps de paix.

Mais le mal est-il une fatalité ? Les sociétés humaines sont-elles vouées à la violence ? En revisitant les textes bibliques et les Évangiles, René Girard retourne le mythe, c'est-à-dire la façon dont les sociétés parlent de leurs origines en gommant le lynchage fondateur. Le judaïsme et le christianisme révèlent alors, selon lui, le mécanisme du bouc émissaire. La crise sacrificielle (ce moment de violence contagieuse et indifférenciée, qui précède la désignation d'une victime émissaire) ne disparaît pas – mais, à la différence des sociétés archaïques, l'innocence de la victime émissaire est soulignée. Ainsi Joseph, expulsé et jeté dans un puits par ses frères, est une victime innocente. Ce n'est pas parce qu'« il est pire mais parce qu'il est meilleur qu'il est désigné comme bouc émissaire ». Job également. Ses amis, les lyncheurs, essaient de faire de lui un bouc émissaire coupable. Mais Job clame son innocence. Il vit subjectivement, cette fois, sa condition d'expulsé. Le Christ dans les Évangiles révèle au monde le mal qui le ronge. Il est un bouc émissaire, mais les Évangiles préfèrent utiliser le terme « Agneau de Dieu », agneau sacrifié à tort, agneau innocent. Les textes évangéliques parlent contre la foule, en affirmant que le Christ est innocent. Donc, par analogie, toutes les victimes émissaires sont innocentes.

Nous sommes dans une société où le sacrifice n'existe plus. Nous sommes donc dans une société de « crise sacrificielle » permanente. Cette tension est, pour René Girard, à double tranchant et nous ouvre au meilleur comme au pire. D'un côté, elle est créatrice d'une science extraordinaire. De l'autre, les dangers de notre situation sont aussi extrêmes : cette même science nous menace de destruction. Seuls la théologie de la Croix de saint Paul et les Évangiles sont à même de dévoiler l'origine cachée des institutions humaines. Ils sont l'antidote de la violence. Pour René Girard, que nous ayons la foi ou que nous ne l'ayons pas, nous savons que, pour nous détourner de la violence, il suffirait de « suivre les injonctions du royaume de Dieu : de refuser les représailles. Il nous faudrait jeter nos bombes atomiques à la voirie et dire que nous renonçons à la violence ». La Croix prouve à elle seule que les hommes ont préféré faire un autre choix. Face à cette réalité de la dénégation des hommes, René Girard n'aura ainsi pas hésité, dans ses derniers livres, à prendre un ton de plus en plus apocalyptique.

L'homme est plus violent que les animaux parce qu'il est plus mimétique

À travers votre œuvre, René Girard, vous avez souligné l'importance de la violence et vous nous proposez une grille de lecture des civilisations antiques et des textes bibliques et évangéliques. Ce que vous démontrez est d'une noirceur impressionnante, puisque vous dites que la violence que nous vivons aujourd'hui est un principe fondateur de l'homme. Y a-t-il une fatalité du mal ? Les sociétés humaines sont-elles vouées à la violence ?

Pour parler de la violence de façon efficace, il faut reprendre quelque chose, que l'on dit beaucoup d'ailleurs à notre époque, mais que l'on dit mal à mon avis. C'est que l'homme est plus violent que les animaux. Je pense que l'homme est plus violent parce qu'il est plus mimétique, c'est-à-dire plus imitateur. Nos rapports avec nos semblables sont des rapports d'imitation. Les philosophes grecs l'ont dit depuis le début, Platon a accordé un rôle énorme à l'imitation. Et nous savons en plus qu'il avait peur de l'imitation. Mais nous ne savons pas très bien pourquoi. Aristote, qui suit Platon de très peu de temps, dit que l'homme est le plus imitateur de tous les animaux et qu'il adore l'imitation, qu'il aime imiter. Mais chez lui, il n'y a aucune peur.

À mon avis, la peur que Platon a de l'imitation est très légitime et très justifiée. Et il est facile de la comprendre si l'on cherche à s'en donner la peine. Si les hommes s'imitent, ils n'imitent pas seulement les gestes et les grimaces ou les paysages lorsqu'ils font des aquarelles. Ce que nous dit Aristote au fond, c'est qu'ils imitent aussi les désirs des uns et des autres. Aujourd'hui, nous avons des domaines d'activités industrielles qui sont entièrement fabriqués sur l'imitation, par exemple la publicité. Lorsque l'on fait de la publicité, on ne cherche jamais à vous dire qu'un produit est meilleur que l'autre. On cherche à nous dire que les gens que nous voudrions être, ces jeunes gens extrêmement beaux qui sont là à s'amuser avec des ballons sur une plage, que boivent-ils ? La boisson qui, si nous la buvions aussi, nous rendrait un peu plus comme eux ! Le principe de la publicité, c'est de nous montrer des gens que nous voudrions être et de nous les montrer en train de consommer le produit que l'on cherche à nous vendre. Elle suggère ainsi, sans jamais nous le dire expressément : si vous consommez ce produit, vous deviendrez comme ces gens que vous admirez.

Donc, on peut dire que la publicité pastiche la fonction eucharistique de la religion. C'est une communion. Si je communie sous les espèces de telle boisson au cola, ou de tel fard qui rend les femmes beaucoup plus belles, je vais devenir moi-même belle et j'aurai des amants, etc. Par conséquent, si c'est vrai, si nous désirons les mêmes choses, il est bien évident que nous allons nous imiter dans nos désirs. Et imiter le désir de l'autre, c'est faire comme lui, c'est donc être son ami. Or ce message est faux. Car si vous désirez le même fard ou la même bouteille de cola que plusieurs millions d'autres êtres humains, c'est bien entendu sans risque. Si vous désirez, en revanche, la même bourse si vous êtes étudiants, vous êtes normalement amis des gens qui sont très proches de vous, qui font les mêmes études, mais vous allez pourtant être en concurrence pour la même chose.

Vous repérez ce que l'on appelle le désir triangulaire, c'est-à-dire le fait qu'entre le sujet qui désire et l'objet du désir, il y a un médiateur. Le sujet veut imiter ce modèle-médiateur. Le désir mimétique n'est-il pas la source de toutes les violences ?

Le vrai modèle du désir n'a pas une unique ligne droite entre le sujet et l'objet, ce n'est pas le sujet qui est décisif comme dans le romantisme, ce n'est pas l'objet qui est décisif comme dans le réalisme ou le positivisme, mais c'est le rapport au modèle. Le modèle que nous admirons. Nous allons désirer ce qu'il désire, nous allons donc lutter avec lui.

Pensez-vous que ce principe est fondateur de l'homme ?

C'est un principe paradoxal, en ce sens qu'aimer la même chose, c'est être amis. Toutes les premières pièces de Shakespeare commencent de cette façon. Vous avez deux amis, ils mangent les mêmes choses, ils aiment les mêmes plats, ils lisent les mêmes livres. Ils sont les meilleurs amis du monde et ils se disent l'un à l'autre : si tu ne m'imites pas, tu n'es pas vraiment mon ami. Et puis d'un seul coup, ils tombent amoureux de la même femme et alors évidemment, c'est la catastrophe et personne ne sait pourquoi, parce que les hommes sont fabriqués ainsi.

Autrement dit, pour Aristote, l'homme est le plus imitatif de tous les animaux, donc il est le plus doué pour l'apprentissage, il apprend n'importe quoi, il est beaucoup plus intelligent. Les animaux, lorsqu'ils luttent pour les femelles, ont déjà des attitudes mimétiques. Nous apprenons tout cela à l'école, que les cerfs ou les ours combattent pour la même femelle, mais le moment vient où le plus faible est dominé par le plus fort au sens technique des réseaux de dominance.

Chez les hommes, il ne peut pas y avoir de réseau de dominance, parce que les hommes sont capables de mourir pour l'objet de leur désir. Ils ne cèdent jamais. Et ils sont surtout capables d'inventer une chose extraordinaire qui n'est ni une institution, ni un instinct, qu'ils appellent la vengeance. Si ce monsieur me tue, ensuite mon frère le tuera et puis ensuite à son tour son frère à lui tuera le mien. Et vous êtes pris dans un mécanisme qui n'a aucune limite ni dans le temps ni dans l'espace, donc qui est déjà religieux, qui est déjà sacré. La vengeance est sacrée. Aucune société ne peut s'accommoder de la vengeance. Si vous acceptez la vengeance, tous les citoyens vont mourir, vous allez disparaître. Et la vengeance est tellement mauvaise, tellement terrible, que vous ne pouvez pas la tolérer sans la sanctionner et la sanction sera la mort. Vous êtes donc dans un cercle vicieux. C'est ce cercle qui définit ce que j'appelle la crise sacrificielle où tout le monde devient l'ennemi de tout le monde. Il y a la fameuse formule de Thomas Hobbes : *« the war of all against all »*, « la guerre de tous contre tous ». Lorsque deux individus désirent le même objet, il est bien évident qu'ils auront plus de poids mimétique qu'un seul. Alors vous en aurez un troisième, puis un quatrième, cela fera boule de neige, tout le monde le voudra en même temps.

Le sacrifice est peu à peu instauré pour exorciser la violence

Vous dites que, dans les sociétés primitives, pour éviter cette vengeance s'est instauré le sacrifice.

Il ne faut pas dire « pour éviter », parce que cela donne l'impression que ces choses se passent volontairement, qu'il y a quelqu'un qui connaît le jeu et qui est capable de le jouer. À mon avis, ce n'est pas vrai. La mimesis, c'est-à-dire l'imitation conflictuelle ou l'imitation rivalitaire, devient si forte qu'elle change de direction. On ne peut jamais s'entendre pour le même objet, ce désaccord devient rivalité entre les adversaires. La violence va devenir si forte que les objets s'effacent, ne demeurent alors que des adversaires. À ce moment-là, rien de plus facile que de s'entendre. Il va y avoir un moment où la mimesis va se concentrer sur un seul individu. Tout le monde va adopter le même adversaire. Shakespeare a montré cela magnifiquement.

Dans le premier acte de *Jules César,* nous assistons au recrutement des conjurés contre César. Il y a une espèce de jeu mimétique. Shakespeare est le plus grand pour comprendre les rapports humains et leur étrangeté. Nous nous entendons, nous nous imitons, mais en fait nous ne nous entendons finalement pas, nous recommençons à nous imiter dans la violence. Donc, les rapports humains sont essentiellement instables et vont vers des extrêmes : extrême de l'amour, extrême de la violence. S'ils vont vers l'extrême de la violence, cela veut dire que la société n'est pas possible. Donc, la seule chose qui peut arrêter l'extrême de la violence, c'est l'effet « boule de neige » de l'élan mimétique sur une même victime.

Tout à coup, sans qu'on sache pourquoi, tout le monde est d'accord contre la même victime. D'ailleurs, nous le savons, nous sommes la seule société qui le sache. Les sociétés non chrétiennes, non bibliques, comme la société japonaise, ne le savent pas. J'ai un ami ethnologue japonais qui m'a dit que les Japonais n'ont pas de mot pour « bouc émissaire », que cela n'existe pas dans leur langue. Mais si vous regardez les institutions japonaises, elles sont pleines de boucs émissaires. Plus il y a de boucs émissaires dans une institution, moins elle risque de dégénérer.

Pour vous, le bouc émissaire, le sacrifice sont nécessaires.

Le sacrifice est indispensable à l'existence de certaines sociétés archaïques. Lorsque vous avez ce phénomène qui arrête la violence, vous vous en satisfaites. Vous vous dites : le dieu nous a sauvés, nous sommes tranquilles maintenant. Mais au bout d'un certain temps la violence recommence. Qu'allez-vous faire ? Vous allez vous souvenir. Nous avions tué cette victime et cela nous avait sauvés. Si on recommençait ? On cherche alors une nouvelle victime sacrificielle. Et on la tue solennellement pour faire la paix. On ne mentionne pas la guerre, on dit « c'est pour faire la paix ». D'ailleurs, les sacrifices dans les sociétés sont toujours rassemblés autour des moments dangereux de la communauté : naissance, mort, présence des étrangers, maladie, guerre…

La crise sacrificielle

À un moment précis apparaît la crise sacrificielle. Quel est le sens de cette crise ? Vivons-nous actuellement une crise de ce genre ? Y a-t-il une autre alternative à la violence et au bouc émissaire ?

La question est plutôt : pourquoi sommes-nous dans une société qui n'a plus de sacrifices ? Je pense qu'il faut observer les religions, c'est-à-dire observer des religions spécifiques. Alors qu'y a-t-il d'essentiel dans ces religions à sacrifices ? Ce qui est essentiel, c'est que la victime paraît coupable, c'est pour cela qu'on la tue. Un bouc émissaire est celui qui paraît coupable à tout le monde. Nous utilisons ce mot encore aujourd'hui. Lorsque nous disons en ce moment : « Les Français sont en train de prendre tel politicien comme bouc émissaire », cela veut dire que tout ce qu'il fera sera considéré comme mauvais par tout le monde à la fois. On va donc se réunir d'une certaine façon contre lui. Autrement dit, les hommes ne peuvent pas se réunir *pour*, à ce stade-là ils sont obligés de se réunir *contre*. Et ce *contre* devient un *pour* à partir du moment où la mort du bouc émissaire fait de lui le sauveur de la communauté. À mon avis, l'idée de la divinité, c'est cela. Vous voyez que ce n'est pas du tout une idée divine. C'est une idée aussi réaliste, aussi matérialiste et aussi cynique que possible.

Peut-être divine quand même…

Peut-être divine. Pourquoi ? Si vous regardez Œdipe, nulle part dans le mythe on ne vous dit qu'Œdipe est un bouc émissaire. On vous dit qu'Œdipe a vraiment commis le parricide et l'inceste. Vous avez la crise sacrificielle d'abord qui s'appelle la peste. Puis vous avez Œdipe qui cherche à la résoudre. Et si c'est lui qui est coupable, sa recherche du coupable se retourne contre lui. Sophocle, qui a compris les effets de la crise mimétique, finit par dissimuler tout cela derrière la culpabilité d'Œdipe. La révélation n'est donc pas achevée chez les tragiques grecs.

Si vous considérez les textes bibliques, au contraire, vous vous apercevez que, généralement, vous retrouvez les crises sacrificielles. Prenez, par exemple, l'histoire de Joseph. Il a douze frères et ils ne s'entendent pas très bien entre eux. Ils détestent leur frère Joseph et ils veulent l'expulser. Et ils finissent par le faire et ensuite ils racontent des histoires au père. Vous avez une crise et elle est résolue par une victime, mais très différemment des mythes. Pourquoi ? Parce qu'il est innocent. Le texte lui-même le dit : la victime est innocente.

Ce que la Bible et les Évangiles inventent – et d'ailleurs la Bible et les Évangiles en sont sûrs –, c'est l'innocence. Ce n'est pas parce que Joseph est pire, c'est parce qu'il est meilleur qu'il est un bouc émissaire.

Si vous considérez l'histoire de Job, même chez les Pères de l'Église, on ne nous parle jamais que du prologue : l'Enfer et Satan. Si vous regardez ce qui se passe, ce que Job nous dit lui-même, c'est : « Tout le monde m'adorait dans mon village, je ne pouvais pas faire de mal, je sortais dans la journée à la sortie du village et tout le monde m'écoutait, j'étais le juge universel, j'avais toujours raison. Un beau matin, tout le monde se retourne contre moi. Et maintenant, ils veulent me lyncher. » Les trois amis sont les lyncheurs et ils attendent le reste de la communauté qui va leur prêter main forte. Mais, au lieu de dire : oui, sans doute je suis responsable, comme le fait finalement Œdipe, Job se débat comme un beau diable et dit : pas du tout, c'est vous qui m'accusez à tort, c'est vous qui vous influencez les uns les autres. Vous croyez peut-être vraiment que je suis coupable, mais c'est faux.

Observez les textes bibliques les uns après les autres, comme celui du Serviteur souffrant dans Isaïe, et vous verrez qu'ils sont le retournement des mythes. Dans les Évangiles, c'est la même chose : Jésus est un bouc émissaire. Mais alors que tous les peuples disent : nos victimes sont coupables, les Évangiles sont beaucoup plus explicites. Ils utilisent le terme « Agneau de Dieu », agneau sacrifié à tort bien sûr. L'agneau est innocent. C'est une image de l'innocent. Le phénomène du bouc émissaire est défini dans un verset tiré d'un psaume de l'Ancien Testament qui est extraordinairement important pour comprendre ce qui arrive à Jésus. Il le cite lui-même : « La pierre rejetée par les bâtisseurs est devenue la pierre de faîte. » Lorsque je dis le bouc émissaire est fondateur, je ne dis pas autre chose.

Jésus demande à ses auditeurs d'expliquer cette phrase. Personne ne le fait. Depuis deux mille ans que nous avons des théologiens chrétiens, ils nous racontent toutes sortes de choses qui viennent des Grecs. Mais demandez à l'un d'entre eux de vous expliquer cette phrase, pas un ne le fera. Pas un ne voit que l'importance de cette phrase est liée à la victime, perçue comme coupable par la communauté, en réalité innocente. Le bouc émissaire est partout et il est partout caché. Mais dans le biblique et le chrétien, il est partout révélé. Et cette révélation, mystérieusement, la théologie ne l'a jamais lue.

Je suis aux prises essentiellement avec ce problème. Ce que je dis est d'une grande simplicité, mais personne n'en voit le caractère extraordinaire et scandaleux. On parle beaucoup de l'Apocalypse de saint Jean, qui est un texte tardif, mais on ne parle jamais des grands textes apocalyptiques des Évangiles qui se trouvent juste avant la Passion. Il y a cette phrase extraordinaire : « Il se passera toutes sortes de choses, des signes dans le ciel, là où est le cadavre, les vautours se réuniront. » Dans la Bible de Jérusalem, une note dit : « Proverbe palestinien ». C'est toute l'explication qu'on nous donne ! Mais à mon avis, cette phrase extraordinaire veut dire que la mort du Christ continuera à fermenter dans le monde tout entier. Sans être vraiment expliquée, elle restera le motif principal de la vie intellectuelle et spirituelle. Le terme « vautour » est assez inquiétant. Il y a d'ailleurs des Bibles qui le refusent et emploient le mot « aigle ». Mais je pense que c'est vraiment le mot « vautour » qui est dans le texte grec.

Quand je lis Le Bouc Émissaire, *je vois que vous donnez des grilles de lecture précises...*

C'est le péché originel. Et les dieux archaïques sont marqués par ce péché. Autrement dit, la violence, notre propre violence, nous la rejetons sur ces victimes. La Bible est beaucoup plus difficile à vivre, plus on avance surtout, parce que dans la Bible des premiers livres, il y a encore de la violence divine, mais si vous considérez les prophètes, elle a disparu. Dans l'Évangile, il n'y en a plus du tout. C'est bien pourquoi les hommes ne peuvent pas aimer le christianisme, parce que le christianisme leur dit : la violence ce n'est pas Dieu, c'est vous. Toutes les religions archaïques disent le contraire, elles sont donc très agréables. Il faut réussir à montrer que c'est d'une certaine manière démontrable par la violence humaine. Et cela, je pense que c'est possible. Mais nous ne possédons pas la manière de l'exposer, parce qu'avec les mythes nous nous trouvons devant une masse de textes considérables qui ont tous la même structure et nous n'avons pas établi de règles pour le traitement de ces textes. Nous nous imaginons qu'ils sont tous totalement indépendants les uns des autres. Pour moi, ils ne sont pas indépendants, ils ont une structure très nette de crise et de résolution par meurtre unanime. Alors si j'ai raison, cela doit être possible de prouver le reste.

Et que révèlent de plus les textes bibliques ?

Je pense que les grands textes bibliques, et on peut les opposer aux mythiques, révèlent le mécanisme du bouc émissaire, c'est-à-dire qu'ils parlent contre la foule alors que les textes mythiques parlent avec la foule. C'est bien pourquoi, à la différence des mythes où vous n'avez jamais qu'un point de vue – Œdipe a commis le parricide et l'inceste, il mérite d'être expulsé –, dans les Évangiles, vous avez deux points de vue. Vous avez le point de vue de l'immense majorité qui croit au bouc émissaire, comme toutes les foules, et vous avez une toute petite minorité qui dit : non, ce n'est pas vrai, il est innocent. Cette petite minorité, personne ne la croit. Les Évangiles, eux, affirment que c'est la vérité.

Vous avez là, sur le plan anthropologique, une différence massive jamais expliquée, jamais interprétée, jamais remarquée par les commentateurs chrétiens qui me paraît évidemment absolument fondamentale. Le Christ par sa Passion, Joseph ou le serviteur souffrant d'Isaïe sont révélés comme innocents. Si vous êtes dans le mythe, on vous dira : ce sont les vilains, les méchants qui ont commis le parricide et l'inceste. Mais si vous vous référez au texte de la Passion, vous vous trouverez dans une situation de questionnement, de scepticisme.

Nous sommes assez influencés pour ne plus avoir de bouc émissaire solide, divin, qui nourrisse les sacrifices. Nous avons donc encore des petits boucs émissaires, ici et là, mais nous n'y croyons jamais complètement. Nous ne pouvons plus les diviniser. Nous sommes dans un état de crise sacrificielle permanente, car nous n'avons plus de rites sacrificiels, donc d'exutoire à la violence. C'est la situation la plus féconde qui soit sur le plan de l'intelligence créatrice. Nous sommes sans doute les seuls créateurs de cette science extraordinaire. Mais nous sommes aussi toujours menacés par elle. Autrement dit, notre intelligence et notre malice, au mauvais sens du terme, deviennent de plus en plus formidables dans notre univers. Le monde, je pense, est mené fondamentalement par cette espèce de déchaînement, lent mais extraordinaire, de conséquences que nous appelons aujourd'hui « globalisation ». Et nous avons entre les mains une puissance qui désormais peut détruire la Terre.

Vous parlez de crise sacrificielle, cela voudrait dire que rien maintenant ne pourrait nous détourner de cette violence ?

Si, c'est très facile. Il suffirait de suivre les injonctions du royaume de Dieu et de refuser toutes représailles. C'est toujours vrai à chaque instant. De jeter nos bombes atomiques à la voirie, enfin avec précaution bien sûr, et de dire : nous renonçons à la violence.

Mais vous nous dites que l'homme n'en est pas capable…

Nous ne le savons pas. Mais nous allons, c'est un fait, nous trouver devant des situations de crise dont nous ne soupçonnons pas l'étendue. Par exemple, le « Nine Eleven », comme disent les Américains, le 11 septembre, était une première dans l'histoire. Quelques hommes utilisant la technologie contre elle-même menaçaient la ville de New York dans son ensemble. Demain, les progrès vont continuer, les entreprises impérialistes vont progresser, nous allons donc nous retrouver devant des situations de péril encore plus directes. Il y a eu des exemples de ce péril, qui se sont bien terminés, puisque, à Cuba, les Russes ont reculé, ont renoncé à la destruction. À tout le moins, ils n'avaient pas envie de se tuer pour tuer le plus de gens possible. Mais ce n'est plus valable du tout puisqu'il y a des individus qui sont ravis de se suicider pour faire sauter quelques centaines de leurs semblables en même temps. On entre donc tous les jours dans une situation plus dangereuse, non seulement sur le plan de petits groupes, mais aussi de l'humanité entière, puisque ces armes sont à l'échelle de la planète. Ce sont ces deux situations qu'il faut confronter : la situation religieuse, cette vérité de l'humanité qui a besoin de violence sacrificielle, et le fait qu'aujourd'hui il n'y a plus de sacrifices, que la violence est trop forte et trop dangereuse.

Dans le monde archaïque, plus on utilise un système sacrificiel, en sacrifiant des bœufs ou même des hommes, plus ce système s'use et à la fin, il n'impressionne plus les gens. Alors vous avez une nouvelle crise, puis vous avez un nouveau bouc émissaire, et une nouvelle crise, etc. Mais aujourd'hui, vous ne pouvez plus avoir de bon bouc émissaire. Vous n'y croyez pas. Nous n'y croyons pas. Donc nous ne pouvons pas avoir de religion primitive. Nous sommes voués au biblique. Tout le monde s'imagine que le biblique est terminé, que si les Américains sont encore des chrétiens c'est parce qu'ils sont des imbéciles, c'est qu'ils ne sont pas à la page – mais c'est *à la page !* Si on comprend ce que je dis, que le christianisme révèle la nature du sacré qui nous protégeait de la violence, nous comprenons que le christianisme n'a jamais été plus violent qu'aujourd'hui. Et peu importe si les gens y croient ou pas, parce que tout se joue sur un plan qui n'a aucun rapport avec la foi directement.

La force de l'innocence

Ce qui est difficile à comprendre, c'est votre interprétation du passage des sociétés primitives aux sociétés civilisées, du sacrifice au non-sacrifice. C'est donc la révélation, pour vous, qui fait clivage entre l'un et l'autre. Pourriez-vous l'expliquer ?

Ce clivage intervient très rapidement, dans des textes qui sont là d'un seul coup, mais les hommes ne voient pas que la vraie question du christianisme est que l'innocence du Christ n'est pas seulement celle du Christ, mais aussi celle de toutes les victimes analogues. Des hommes comme saint Paul ont compris d'ailleurs ces choses, mais je pense qu'ils n'ont pas réussi à les exprimer de la façon dont nous les exprimerions nous-mêmes. Lorsque des spécialistes d'*Œdipe roi* me disent que la pièce était interprétée à Byzance comme la « Passion d'Œdipe », c'est-à-dire qu'Œdipe était une victime innocente de persécuteurs, cela montre que les Byzantins ne comprenaient pas Sophocle. Ils comprenaient Sophocle de manière chrétienne. Ce qu'il faut, c'est tenir les deux lectures à la fois.

Tragédie veut dire « chant du bouc », le chant pendant le sacrifice du bouc...

Bien sûr. Et d'ailleurs, Aristote, en parlant de « catharsis », veut dire que la tragédie jouait d'une certaine manière le même rôle que les spectacles de violence aujourd'hui. Défouler les gens. Comment se fait-il que plus la société devient violente, plus les spectacles violents lui semblent nécessaires ? À mon avis, tous nos spectacles sont des formes abâtardies de sacrifices comme le cinéma de ces dernières années, qui est parfois d'une violence épouvantable.

Que pensez-vous de l'exclusion ?

L'exclusion, chez moi, est absolument fondamentale, parce que c'est une autre manière de dire « bouc émissaire ». Par conséquent, partout, la véritable exclusion est le fait d'être exclu par toute une communauté. C'est le phénomène du bouc émissaire vécu subjectivement. Nous n'avons qu'une version de ce phénomène. L'Évangile de Marc a beaucoup insisté sur ce point. Il met toujours en valeur le fait que personne, absolument personne, ne comprend Jésus, pas même les disciples. Marc a vu cet aspect, plus que les autres Évangélistes, comme Luc ou Matthieu. Jésus est d'une solitude absolue. L'Évangile de Marc dit : « Mon Dieu, mon Dieu, pourquoi m'as-tu abandonné ? » Mais c'est parce que cette solitude est absolument totale qu'elle atteint Dieu lui-même.

Certains aspects, chez Marc, sont présentés d'une façon parfois très curieuse, au point qu'ils semblent souvent souligner la bêtise des disciples. On dit alors parfois : « Marc déteste les disciples. » Mais à mon avis, c'est complètement faux. Il n'est pas subversif vis-à-vis des disciples. Il accentue cet aspect dans les souffrances de Jésus : le fait que personne ne comprenne pourquoi il fait ce qu'il fait. Jésus révèle au monde le mal du monde. Il instaure cette totale non-réciprocité dans le mal, dans la méchanceté, et elle obtient des résultats du même type que l'exclusion totale. Marc est celui qui a souligné ce point. Dans les Évangiles, les accents sont différents. Luc est plus humain, beaucoup plus social aussi, il est un peu gauchiste ! Matthieu est plus rituel. Ce sont toujours des différences positives. On en fait des contradictions, c'est absurde. Les Évangiles ne sont pas des reportages, ce sont des textes qui ont été écrits à partir des paroles de Jésus et qui ont ensuite été repris et répétés par des Églises. Les quatre Évangiles ont des visions personnelles des choses et ont accentué certains points. Et chez Marc, c'est cet aspect d'exclusion certainement.

Il y a aussi un message évangélique, qui est un message d'amour. C'est ce message-là qui pourrait contrecarrer la violence.

L'amour, dans l'Évangile, triomphe toujours, parce qu'il y a la Résurrection. Ce qui est intéressant dans la conclusion de l'Évangile, juste avant la Résurrection, c'est le système du bouc émissaire qui se reforme absolument. Et puis, tout à coup, surgissent quelques individus qui ont vu Jésus, qui disent ce n'est pas vrai, il est innocent. Ils vont tous mourir, d'ailleurs ; ils vont tous être tués pour, au fond, refaire l'unité du bouc émissaire. Mais ils la referont trop tard. Le texte va circuler. C'est quand même très essentiel dans les Évangiles.

Face à la révolution radicale de nos conditions de vie, à une époque où les progrès scientifiques n'ont jamais été aussi avancés, quels sont les grands dangers du monde actuel ? Ne sommes-nous pas dépassés par l'impuissance de la science à engendrer un mieux-être pour tous et par l'escalade permanente de la violence ?

Les grands dangers sont aussi grands que possible puisque nous avons inventé des armes et nous allons en inventer d'autres qui peuvent littéralement détruire le monde. Nous savions, au moment où la guerre entre les Russes et les Américains menaçait, que les conséquences d'un échange de bombes à hydrogène vraiment sérieux nous étaient inconnues. Nous savions que peut-être cela déclencherait l'« hiver nucléaire » qui mettrait fin à l'humanité par le froid extrême et détruirait tout. Aujourd'hui, des gens aimeraient s'emparer de bombes atomiques, non pas pour faire peur aux autres, ce que nous appelons « dissuasion », mais pour s'en servir. Par conséquent, nous avons franchi une nouvelle étape dans la montée vers les extrêmes.

Nous vivons un moment de transformation considérable qui passe par un changement de l'homme. Tous les jours il y a de nouvelles découvertes... Est-ce positif pour vous ?

Il y a des aspects extraordinairement positifs, comme tous les progrès médicaux. Il ne s'agit pas du tout de faire de l'antimoderne. Moi, ce que je trouve extraordinaire, ce sont ces gens qui parlent de « désenchantement du monde ». Le monde n'a jamais été aussi enchanté qu'aujourd'hui : on peut y voir en même temps les miracles de la médecine et les miracles de la destruction qui nous menace, au point que nous ne savons pas si nous allons bénéficier de l'un ou de l'autre dans les prochaines dix minutes... Nous sommes menacés à chaque instant de notre vie et en même temps protégés comme nous ne l'avons jamais été.

Le monde qui vient

Pour vous, René Girard, qu'est-ce que la quête de vérité ? Vous avez consacré votre vie à cela.

Il y a plusieurs types de vérités. Il y a une vérité lorsque vous changez la batterie d'une automobile, et ce sont des vérités techniques qui durent. Il y a des vérités qui impliquent tout le temps des choses de plus en plus essentielles dans l'homme, qui sont de plus en plus intéressantes, mais pas forcément plus complexes, mais qui sont souvent plus difficiles à confronter.

Si nous nous mettons à traiter de sujets politiques, comme de la Première Guerre mondiale entre la France et l'Allemagne, il y a cent ans, nous allons nous trouver mêlés à l'affaire. Nous allons adopter un point de vue français ou allemand sur le sujet. Nous nous trouverons dans une situation équivoque que nous ne pourrons pas résoudre de façon objective. Il faut donc d'abord en faire l'expérience. Voir ce qui se passera. Dans le domaine de l'homme, on n'est jamais dans le scientifique.

Mais je pense qu'il y a une autre forme de science dans l'observation des institutions humaines, qui sont tellement répétitives, les sacrifices, par exemple, que l'on peut arriver, à mon avis, à une théorie scientifique.

On n'a jamais assez pensé à cette question de la violence, parce que, d'une certaine manière, notre philosophie sur la bonté de l'homme nous en empêchait. Nous devons faire disparaître ces préjugés, et comprendre que les institutions sont si semblables dans des centaines de cultures que les recoupements sont absolument nécessaires : qu'une approche scientifique des mécanismes de la violence est possible.

Nous sommes dans une société de consommation et au centre de cette consommation, il y a un droit au bonheur. Que pensez-vous de cette quête du bonheur ?

Cette quête du bonheur est liée d'abord à la perte du sens. Les hommes aujourd'hui ont décidé de leur vie. Le monde tel qu'il est, cette histoire extraordinaire qui s'étend derrière nous, n'a jamais eu d'équivalent dans tout l'Univers. On ne se rend même pas compte que ce qu'on appelle « globalisation » a commencé au XVe siècle lorsque les navigateurs portugais, comme Magellan, ont fait le tour du monde. Avant il n'y avait jamais eu de monde « un ».

Ce phénomène, même si ce n'est pas politiquement correct de le dire, vient de la société occidentale. Tout le monde le sait, mais il faut être poli avec les civilisations mortes et faire semblant de croire qu'elles étaient complètement identiques à la nôtre. Ce n'est pas vrai. La nôtre a à la fois des possibilités et des dangers qui sont sans exemple par rapport aux précédentes. Certes, elle est liée aux précédentes, à la civilisation romaine, à la civilisation grecque et surtout à la civilisation juive. Elle est sortie de tout cela. Mais elle a un rôle unique, une histoire qui est en train de se jouer, qui ne s'est jamais jouée auparavant et je pense que cette histoire a un sens.

Les scientifiques disent que l'homme va sans doute se détruire lui-même dans un certain nombre de siècles ou d'années. Ils prétendent que cela a dû se passer déjà dans l'Univers. Je trouve cela épouvantable. Je fais pour ma part le choix métaphysique. C'est un choix qui nous est donné, qui a un sens visible par les Écritures. La religion va revenir par le plus moderne. C'est pour cela qu'on ne la voit pas revenir. Parce qu'on ne voit que le moderne. On ne se rend pas compte que tout à coup il va prendre un sens religieux. J'ai l'impression que certains phénomènes vont s'accélérer inévitablement, liés à l'histoire. Il va y avoir des accidents historiques de toutes sortes. Le monde est d'une instabilité plus grande aujourd'hui qu'il ne l'a jamais été.

À l'époque où l'espérance de vie est de plus en plus élevée, où les progrès de la médecine n'ont jamais été aussi avancés, comment expliquez-vous ce refus de la vieillesse, de la mort, de la maladie dans les sociétés occidentales ?

Pascal disait : le plus grand mal de la Terre, c'est que les hommes sont incapables de s'enfermer dans une chambre et de rester tranquilles à méditer. C'est plus vrai que jamais. Même s'ils sont seuls dans leur chambre, ils ont un poste de télévision avec eux, et par conséquent le monde sera là. Donc ils ont peur de la mort. Nous avons tous peur de la mort. La prolongation de la vie, c'est très bien, mais cette vie est quand même assez diminuée, parce que cette vie, sur le plan physique, n'est plus ce qu'elle était auparavant. On est alors rappelé à chaque instant par le fait qu'on n'est pas capable de faire ce qu'on aurait fait il y a dix ans, encore moins il y a vingt ans et encore moins il y a trente ans. Par conséquent, les problèmes ne sont pas vraiment résolus. On a plutôt l'impression que la réalité est clémente, généreuse, et nous donne du temps. Ce temps a la forme d'un petit supplice, mais pas très difficile parce que la vie est confortable quand même, terriblement confortable. Nous avons beaucoup de temps pour méditer. C'est pour cela que je mène une vie très retirée. J'ai passé ma vie à travailler sur mes textes. Et c'est ce que j'aime le mieux faire. Mais je ne me suis jamais, je crois, détaché du monde actuel, tel qu'il est. L'idée que des gens parviennent à méditer comme des sages taoïstes d'il y a plusieurs siècles avant Jésus Christ est, à mon avis, complètement fausse. On ne peut pas s'abstraire de la situation actuelle, même si on en a terriblement envie. On reste mêlé à cette vie, dans une vieillesse très prolongée, parfois.

Quel message d'espoir à la nouvelle génération ?

Je leur dirais que nous allons être confrontés à des bouleversements intellectuels et spirituels d'un tel ordre qu'ils ont beaucoup de chance. J'aimerais bien être un jeune aujourd'hui.

Entretien III

Alain Finkielkraut

Présentation

Alain Finkielkraut est un écrivain, philosophe et essayiste français. Il est né à Paris le 30 juin 1949.

Auteur de nombreux ouvrages sur la littérature, l'amour, la modernité, il défend la notion d'identité, l'idée de transmission, d'héritage, de tradition, ainsi que l'esprit des humanités et la redécouverte du sens du tragique. Il s'est exprimé sur l'antisémitisme et le racisme, sur le multiculturalisme, sur les failles du système éducatif français qui conduisent à la marginalisation des enfants de l'immigration, ou encore sur les guerres de Yougoslavie et le conflit israélo-palestinien.

Ancien élève de l'École normale supérieure de Saint-Cloud, agrégé de lettres modernes, il est le fils unique d'un maroquinier juif polonais déporté en 1941 à Auschwitz.

Professeur au lycée technique de Beauvais en 1974, de 1976 à 1978, il enseigne à Berkeley au French Literature Department. Depuis novembre 1989, il est professeur de philosophie et d'histoire des idées au département Humanités et sciences sociales de l'École polytechnique (HSS).

Il est membre fondateur, avec Benny Lévy et Bernard-Henri Lévy, de l'Institut d'études lévinassiennes, à Jérusalem.

Il anime une émission radiophonique hebdomadaire d'entretiens, *Répliques,* sur France Culture depuis 1987 et il a animé jusqu'en juin 1986 une émission d'opinion, *Qui Vive,* sur la Radio de la communauté juive (RCJ).

Il est l'auteur d'une trentaine d'ouvrages dont : *Le Nouveau Désordre amoureux* (en collaboration avec Pascal Bruckner, Paris, Le Seuil, 1977), *Le Juif imaginaire* (Paris, Le Seuil, 1981), *La Sagesse de l'amour* (Paris, Gallimard, 1984), *La Défaite de la pensée* (Paris, Gallimard, 1987), *Nous autres, modernes* (Paris, Ellipse, 2005), *Un cœur intelligent* (Paris, Stock-Flammarion, 2009).

Alain Finkielkraut définit ainsi ses travaux : « Je cherche d'abord à tirer au clair la métaphysique, c'est-à-dire le rapport fondamental à l'être qui se manifeste dans la sensibilité, les façons d'agir, de faire, les mœurs, les habitudes caractéristiques de notre temps. »

Toute l'œuvre d'Alain Finkielkraut est la critique de la modernité. Ses mythes et ses aveuglements sont dénoncés depuis l'hédonisme libertaire et l'individualisme narcissique de Guy Debord et des situationnistes jusqu'à l'apologie du nomade et du déraciné de Gilles Deleuze et Félix Guattari, en passant par le progressisme qui façonne la vision de la politique et de l'histoire. Le relativisme fait abandonner tout jugement de valeur.

Face à cette défaite, Alain Finkielkraut défend la vraie culture, la liberté et la pensée libre, constitutive de la démocratie et élaborée par la philosophie (Spinoza) ainsi que certaines valeurs politiques et républicaines (Jean-Jacques Rousseau).

Il met en valeur ce qu'il considère comme des fausses valeurs et des fausses croyances.

Dans son livre *Le Nouveau Désordre amoureux,* écrit en 1977 avec Pascal Bruckner, ouvrage qui l'a rendu célèbre, il livre une analyse de l'amour et de l'idéologie de la « révolution sexuelle » et s'attaque au « mythe de la révolution sexuelle », qui serait issue de Mai 68. Contre Gilles Deleuze et Félix Guattari qui, selon sa lecture, nient l'amour ou, en tout cas, affirment que l'amour, en tant que valeur abstraite, serait une chose « ignoble », Alain Finkielkraut affirme a contrario l'existence de l'amour et son impossible réforme : « L'amour ne se prête pas à la révolution. » Ils voient les femmes comme les victimes de cette idéologie.

La publication de *La Défaite de la pensée* en 1987 marque un tournant dans son œuvre et le début d'une critique de la « barbarie du monde moderne ».

Ce malaise dans la culture que Freud avait souligné dans son livre éponyme, Alain Finkielkraut le passe au crible. Pour lui, la culture, c'est la vie avec la pensée. Et il s'aperçoit qu'aujourd'hui on appelle « culturelles » des activités où la pensée est totalement absente. Des objets élémentaires aux grandes créations de l'esprit, tout est culturel. La dernière chaussure de Jourdan a la même valeur que le *Requiem* de Mozart ou que les *Montres molles* de Dalí, Dostoïevski vaut Harry Potter et, sur l'échelle des valeurs, il est impossible d'affirmer sa préférence sans passer pour un conservateur rétrograde psychorigide. Pourquoi préférer la vraie culture aux plaisirs de la consommation et de la publicité ? Penser est devenu affirmer sa culture et le multiculturalisme est là comme un leurre de la pensée. Se croire ouverts aux cultures alors que notre seul souci est de savoir si l'on va « dîner » thaï ou chinois, italien ou japonais ! Nous sommes entrés dans l'ère du tout culturalisme et consumérisme. L'univers des discours est remplacé par celui des vibrations et de la danse : « *We are the world, we are the children.* » Et Alain Finkielkraut conclut d'une manière très pessimiste : « Le clip a eu raison de la conversation, la société est "enfin devenue adolescente". Et à défaut de savoir soulager les victimes de la famine, elle a trouvé, lors des concerts pour l'Éthiopie, son hymne international. » « La barbarie a donc fini par s'emparer de la culture. À l'ombre de ce grand mot, l'intolérance croît, en même temps que l'infantilisme. Quand ce n'est pas l'identité culturelle qui enferme l'individu dans son appartenance… c'est l'industrie du loisir qui réduit les œuvres de l'esprit à l'état de pacotille. Et la vie avec la pensée cède doucement la place au face-à-face terrible et dérisoire du fanatique et du zombie. »

Philosophe engagé, Alain Finkielkraut décrypte la société et s'attaque à l'antisémitisme, au racisme, à la guerre, à l'éducation, à l'exclusion génératrice d'émeutes, à la perte de valeurs, à la perte de la tradition.

L'ouvrage *Nous autres, modernes. Quatre leçons,* publié en 2005, est ainsi présenté par l'auteur : « À quoi Descartes nous détermine-t-il ? Hier encore, il était possible de répondre : à nous rendre méthodiquement, polytechniquement maîtres de toutes choses pour soulager le sort des hommes et rendre leur vie plus agréable. Mais voici que les réalités nées de la philosophie de l'homme moderne s'ingénient à contredire les ambitions de cette philosophie, à transformer ses promesses en menaces, à fonctionner pour elles-mêmes. Il est devenu difficile d'opposer, sans autre forme de procès, les calculs de la raison aux ténèbres de la superstition car les processus que la raison déchaîne n'ont rien de raisonnable. C'est ce paradoxe, c'est cette surprise philosophique réservée à la philosophie, c'est cet ébranlement de la modernité par elle-même que j'ai voulu inlassablement explorer et interroger dans les leçons qu'on va lire. »

Nous autres, modernes se veut une mise au point sur différents problèmes de l'époque. Dans ces quatre leçons, il examine les divers aspects, positifs ou critiquables, de la modernité. Il met l'accent sur les contradictions de la rationalité technique et de la raison moderne en tant qu'elles aboutissent à créer « des processus qui n'ont rien de raisonnable ».

Alain Finkielkraut nous donne une lueur d'espoir lorsqu'il s'agit de parler d'amour, ce mot qui désigne à la fois l'acte de donner et celui de prendre : la charité et l'avidité. Dans *La Sagesse de l'amour* (1984), Alain Finkielkraut s'inspire de l'œuvre d'Emmanuel Levinas et interroge les expériences collectives de notre temps et le rapport à l'autre dans la vie individuelle.

La « sagesse de l'amour », ce « concept démodé », est peut-être ce qu'il nous faut le plus pour comprendre notre relation originelle à autrui et par là même le rapport amoureux à l'Autre. « Sous l'effet du visage, la bonté advient au sujet comme un destin. » Comme le dit Levinas, « l'acte le plus sublime c'est de placer un autre devant soi ».

Et quand il s'agit de donner un message d'espoir à la jeune génération, Alain Finkielkraut préfère parler de transmission. Et bien que la transmission elle-même soit en danger dans notre monde de plus en plus technologique, il brûle de transmettre, comme son ami Benny Lévy, le goût des livres, le goût de la méditation.

L'Europe a pensé à ne pas réveiller ses propres démons

Au lendemain de l'effondrement du nazisme, qui a sonné le glas de la pire des barbaries, la pensée philosophique semble inspirer l'acte constitutif de l'Unesco et en dicter les termes à ses auteurs. L'organisation a pour objectif « d'assurer à tous le plein et égal accès à l'éducation, la libre poursuite de la vérité objective et le libre échange des idées et des connaissances ». Grâce à ces directives, le monde pourra résister avec succès à tout ce qui mettra en péril la dignité de l'homme en le protégeant ainsi de la barbarie. Dans votre livre La Défaite de la pensée, *vous nous expliquez, Alain Finkielkraut, que la critique des Lumières a pris le relais de la critique du fanatisme. Comment, en instaurant l'égalité qui chasse tout ethnocentrisme, l'homme est-il devenu un être dispersé, privé de sa ligne évolutive, désorienté ?*

Je crois que la critique des Lumières n'est pas arrivée par hasard. Deux traumatismes ont frappé l'Europe quasi simultanément, l'hitlérisme et le colonialisme. Les peuples colonisés ont revendiqué leur indépendance. Et tout d'un coup, l'humanisme est apparu aux meilleurs esprits européens comme « l'exquise justification du pillage » selon la formule de Sartre.

Autrement dit, les Lumières ont servi de justification à l'entreprise coloniale. C'était ce que Kipling appelait le « fardeau de l'homme blanc ». Les grands États du Vieux Continent allaient répandre la civilisation et sortir les peuples archaïques de leur arriération. D'où précisément la critique de Lévi-Strauss, dans *Race et Histoire :* « Le barbare est d'abord l'homme qui croit à la barbarie. » Il s'agit d'un lointain écho de Montaigne. « Chacun appelle barbarie ce qui n'est pas de son usage », disait Montaigne dans les *Essais*. Contre l'arrogance des Lumières, Lévi-Strauss plaide pour un certain relativisme culturel, pour l'égalité des cultures. Il n'y a pas la civilisation face aux barbares et aux sauvages, il y a une multiplicité de cultures. L'Europe, au fond, a pensé qu'elle devait, par-dessus tout, veiller à ne pas réveiller ses propres démons. Le démon nationaliste et l'universalisme conquérant. Mais l'Europe s'est trouvée peu à peu confrontée à un autre problème, elle est devenue, comme l'a écrit Catherine Wihtol de Wenden, un continent d'immigration malgré lui. Et cette immigration ne s'est pas faite dans les mêmes conditions que les vagues d'immigration précédentes parce qu'elle était massive et que les nouveaux arrivants venaient majoritairement d'Afrique ou du monde arabo-musulman et non d'autres pays européens. L'assimilation ne fonctionnait plus. Les Européens, ou un certain nombre d'entre eux, plus exposés, se sont trouvés dans un état d'insécurité culturelle. Ils n'étaient plus perçus comme des référents. Et là, ils se sont demandé comment réagir. Il est intéressant de voir que Lévi-Strauss peut les y aider, pas le Lévi-Strauss de *Race et Histoire,* mais celui qui, vingt ans plus tard, a prononcé une autre conférence à l'Unesco, une conférence qui a fait scandale, *Race et Culture,* où il dit : « Il n'est nullement coupable de placer une manière de vivre et de penser au-dessus de toutes les autres et d'éprouver peu d'attirance envers telle ou telle dont le genre de vie respectable en lui-même s'éloigne par trop de celle à laquelle on est attaché. » Lévi-Strauss, qui critiquait l'arrogance européenne, justifie, dans un autre contexte, la défense de l'identité européenne. Et cela a été mal perçu, précisément par ceux qui avaient lu *Race et Histoire* comme le bréviaire de l'antiracisme. Mais je crois que cette leçon doit être absolument entendue. Il est légitime de faire la critique des Lumières. On n'est pas forcé de croire que nos valeurs doivent être répandues sur toute la Terre, on a raison de penser que cette volonté a pu servir d'alibi à l'exploitation coloniale. Mais on est fondé à croire que nos valeurs peuvent valoir pour nous, là où nous habitons, et pour ceux que nous accueillons également.

Oui, car dans l'acte constitutif de l'Unesco, il y a tout d'abord l'abolition du mot « race », et deuxièmement, ce qu'a ajouté Lévi-Strauss, il n'y a plus de hiérarchie. Ce que vous reprenez aussi. Vous dites que « nous sommes sous l'œil égalitaire de la science, les hiérarchies sont abolies, tous les critères de discrimination sont contraints d'avouer leur arbitraire, nulle barrière ne sépare plus les chefs-d'œuvre du tout-venant ». Alors, comment, dans un tel contexte, affirmer ses valeurs ? N'y a-t-il pas un risque de se heurter à la pensée binaire du monde intellectuel français ?

C'est en effet une question très importante. Et, en vous entendant, je pense à un livre publié dans les années 1970 par Pierre Bourdieu et Jean-Claude Passeron, qui a eu un immense retentissement. C'est un livre sur l'école intitulé *La Reproduction*. Je voudrais en tirer un passage et le commenter. Bourdieu et Passeron écrivent : « La sélection de signification qui définit objectivement la culture d'un groupe ou d'une classe comme système symbolique est arbitraire en tant que la structure et les fonctions de cette culture ne peuvent être déduites d'aucun principe universel physique, biologique ou spirituel, n'étant unies par aucune espèce de relation interne, à la nature des choses ou à la nature humaine. » Si toute culture est arbitraire, la culture qui passe pour légitime n'est rien d'autre que la culture dominante. Cette affirmation est très problématique car, en choisissant de radicaliser le point de vue ethnologique sur la culture, ils en viennent, conséquence paradoxale, à légitimer la puissance de l'industrie culturelle ou la culture de masse. Si la culture légitime n'est rien d'autre que la culture dominante, nous n'avons plus d'instruments, en effet, pour critiquer la culture de masse, nous n'avons pas le droit d'en dire du mal, et cette culture de masse, qui favorise justement ce que cette société a de pire, est en quelque sorte confortée par des gens qui se veulent très critiques de notre société. Ils voudraient nourrir la mauvaise conscience du capitalisme et, en réalité, avec le relativisme, ils fournissent un alibi à son expansion, et à son monopole. Il ne faut pas abandonner sans coup férir le concept de culture aux sciences humaines. Il y a effectivement la culture au sens ethnologique, mais il y a aussi la culture au sens de vie avec la pensée. Et il est très important de préserver celle-ci, d'autant plus important qu'elle est sous la double menace d'une culture de masse de plus en plus envahissante et d'un relativisme culturel de plus en plus radical. Et c'est cette disparition de la culture dans le tout culturel qui doit être combattue, précisément lorsqu'on veut faire la critique de la société actuelle.

Il existe quelque chose comme la civilisation française

Vous n'êtes pas, d'ailleurs, contre le multiculturalisme. Mais vous êtes contre la dérive du multiculturalisme, qui s'oriente plutôt vers un consumérisme effréné, au point que vous pouvez dire que, pour certains, le multiculturalisme devient un libre-service généralisé.

De toute façon, je ne suis pas sûr que le multiculturalisme soit le meilleur moyen d'assurer un vivre ensemble paisible et harmonieux. J'en reviendrai à Lévi-Strauss. La France a la chance d'être une nation et une civilisation. Il existe quelque chose comme la civilisation française. Celle-ci ne doit pas être figée, mais elle doit pouvoir se maintenir. Et je n'aime pas l'idée d'un multiculturalisme qui puisse en quelque sorte tourner la page de la civilisation française, l'idée que la France serait une auberge espagnole où chacun apporterait sa propre identité. Il n'est pas normal de vouloir réserver la civilisation française aux Français de souche, mais il est légitime de demander à ceux qui viennent en France de participer de cette civilisation. Le multiculturalisme ne me paraît pas une solution acceptable. Évidemment, il y a cette autre version du multiculturalisme, qui en serait la version bobo, où l'on aime pouvoir goûter de toutes les cuisines et sélectionner la musique que l'on veut. On s'enchante de cette espèce de libre-service généralisé dans lequel la mondialisation nous fait vivre. Mais en même temps, on choisit pour ses enfants des écoles abritées du multiculturalisme dans sa réalité concrète. Cette duplicité consumériste n'est pas un modèle très séduisant.

On ne peut plus justifier le mal

Abordons la question du mal. C'est une question que pose Leibniz : « Si Deus est, unde malum, si non est, unde bonum ? », *« Si Dieu existe, d'où vient le mal, si Dieu n'existe pas, d'où vient le bien ? » Pensez-vous qu'il y a une justification du mal ?*

La question du mal ne peut plus se poser en ces termes. Levinas dit que la théodicée, pour reprendre un terme leibnizien, la justice de Dieu, la Providence, a été, jusqu'aux épreuves du XXe siècle, une des composantes essentielles de la conscience de soi de l'humanité occidentale. Il y a d'abord eu l'idée que Dieu pouvait, par le mal, nous punir de nos péchés. Une théodicée édulcorée a ensuite persisté, dit Levinas, dans le progressisme athée. Elle s'est également maintenue dans la philosophie de l'histoire, c'est-à-dire le mal mis au service du bien, le mal intégré dans un vaste plan d'ensemble, qui serait la réalisation de la Raison, pour parler comme Hegel ou, disons, l'avènement d'une société sans classes, pour parler comme Marx. Levinas dit : « La disproportion entre le mal et toute théodicée se montre à Auschwitz avec une clarté qui crève les yeux. » Il ajoute : « Je pense que tous les morts du goulag et de tous les autres lieux de tortures en notre siècle politique sont présents quand on parle d'Auschwitz. » On ne peut plus aussi cavalièrement justifier le mal, à la fin du XXe siècle, qu'on le pouvait dans le XIXe siècle, qui a été le grand siècle des philosophies de l'histoire. C'est la première remarque que je voulais faire.

Mais Levinas dit « en notre siècle politique » et cela doit nous amener à réfléchir. Au XXe siècle, on a cru que tout était politique. Le mal lui-même devenait une question soluble par la politique. « L'homme n'est pas né méchant, c'est l'oppression qui est méchante » disait, en bon disciple de Jean-Jacques Rousseau, Saint-Just. Robespierre en a tiré une conséquence terrible : « La politique, c'est la guerre de l'humanité contre ses ennemis. » Et cette position a été radicalisée, au XXe siècle. Il n'existe plus que deux espèces humaines, a dit Nizan dans *Aden Arabie,* qui n'ont que la haine pour lien. La guerre civile, forme culminante de la lutte des classes, abolit tous les liens entre les classes ennemies, écrit Trotski dans *Leur morale et la nôtre*. On mène donc une guerre absolue, une guerre totale contre les oppresseurs, précisément parce qu'ils incarnent le mal. On mettra fin à l'oppression, on éliminera les oppresseurs, et il n'y aura plus jamais de mal sur la Terre. Le mal du XXe siècle procède de la volonté d'éradiquer le mal. Ce qui amène à des conclusions extrêmement paradoxales, chez les plus grands penseurs, chez ceux qui ont essayé de retenir la leçon du siècle. Notamment Soljenitsyne qui, dans *L'Archipel du goulag,* écrit : « Que le lecteur referme ici le livre, s'il attend une accusation politique. Ah, cela serait simple s'il y avait quelque part des hommes à l'âme noire qui mènent perfidement de noires actions, et s'il s'agissait seulement de les distinguer des autres et de les supprimer. Non, la ligne de partage entre le bien et le mal passe par le cœur de chaque homme, et qui irait détruire un morceau de son propre cœur ? »

Cette façon de rappeler l'homme à l'ordre de la finitude, de lui rappeler que le mal existe et que le mal peut-être, à l'état latent en tout cas, en chacun, a même conduit d'autres penseurs à une réhabilitation inattendue du péché originel. Non pas évidemment dans son acception conservatrice, mais pour dire qu'il y a une fragilité de l'homme. Celui-ci ne peut se délivrer entièrement du mal. Quand il succombe à cette croyance, cela produit énormément de mal sur la Terre. Hans Jonas, Leszek Kolakowski, Max Horkheimer et Theodor W. Adorno défendent cette idée : « La confiance utopique en l'homme futur associée à la méfiance envers l'homme présent induit un optimisme implacable en comparaison de quoi le dogme ecclésial du péché, qui ne disparaît pas de l'existence de l'homme mais qui peut être pardonné, est un exemple de scepticisme miséricordieux. » Passer de l'optimisme implacable au scepticisme miséricordieux. Je crois qu'on ne peut pas mieux résumer la leçon du XXe siècle et du début du XXIe.

La Sagesse de l'amour

Parler de l'amour, c'est interroger les grandes expériences collectives de notre modernité, et le rapport à l'autre dans sa vie, évidemment individuelle. Peut-on croire encore au désintéressement ? L'amour, dans de nombreuses langues, désigne à la fois l'acte de donner et l'acte de prendre, la charité et l'avidité. Donc, qu'est-ce que l'amour et la rencontre de l'autre ?

C'est une très grande question. Heureusement, les grands auteurs sont là pour nous éclairer et nous sortir de notre perplexité. Et parmi ces grands auteurs, Thomas Mann a écrit une chose magnifique sur l'amour : « N'est-il pas beau et grand que la langue n'ait qu'un seul mot pour tout amour, du plus sacré au plus charnel, c'est tout ce qu'il y a de plus simple dans sa complexité même, car l'amour ne peut être désincarné dans sa plus haute piété et dans son expression la plus charnelle ne peut manquer de piété. L'amour est toujours lui-même, accueil chaleureux de la vie, passion, sympathie avec le monde organique, étreinte voluptueuse de ce qui est appelé à disparaître, on retrouve encore de la charité dans la passion la plus débordante, sens hésitant. Mais laissez donc, pour l'amour de Dieu, hésiter le sens de l'amour. » Je pense qu'il ne faut pas trancher entre les différents sens de l'amour.

Mais, allons plus loin, toujours à l'aide des grands auteurs, parce que le XXe siècle est un siècle terrible, et Thomas Mann comme Levinas l'a passé dans le pressentiment et le souvenir de l'horreur nazie. On serait fondé à croire que cette horreur délivre l'homme de toute illusion sur la nature humaine. C'est sans doute le cas de Levinas. Il n'empêche qu'au cœur de sa pensée il y a l'amour au sens le plus haut, le désintéressement. Et, phénomène plus étonnant encore, le désintéressement, pour lui, n'est pas une valeur, c'est un fait. Il le décrit comme quelque chose qui nous arrive. L'individu vaque à ses affaires, persévère dans son être, suit sa pente, et tout d'un coup, il est dérouté malgré lui, pour un autre. Et c'est le visage, la rencontre du visage qui opère ce renversement. Le visage, pour Levinas, ce n'est pas simplement la physionomie. C'est le fait que le visage détruit et déborde à tout moment l'image plastique qu'il me laisse. Le visage transcende l'image. Il se dénude de ses particularités. Et en même temps, le visage est le dénuement même. Le visage est exposé à bout portant et, sous l'effet de son épiphanie, ma spontanéité est subjuguée. C'est ainsi d'ailleurs que je m'humanise. Mais on peut se demander quel est le rapport avec la réalité. Je vous donnerai deux exemples tirés de l'Apocalypse.

Le premier a été popularisé par un film, *La Liste de Schindler* de Steven Spielberg. Oscar Schindler est, au début du film, un homme absolument cynique. Il vient en Pologne dans les fourgons de l'armée allemande pour faire des affaires, pour avoir une main-d'œuvre d'esclaves. Et puis quelque chose lui arrive ; il voit des visages. Ces visages le requièrent malgré lui. Il ne décide pas d'être un juste : il obéit à l'intensité désarmée de ceux-là même sur lesquels il a tout pouvoir. Autre exemple admirable, Ikonnikov dans *Vie et Destin,* qui est un peu le porte-parole de Vassili Grossman. Il dénonce ce qu'il peut y avoir de maléfique dans l'idée du bien. Quand on veut faire le bien en éliminant le mal, on peut en arriver à l'extermination, justement, des classes ennemies.

« J'ai vu en action la force implacable de l'idée de Bien social qui est née dans notre pays. » Mais qu'opposer à cette force implacable ? « La bonté dans la vie de tous les jours, une bonté sans idéologie. C'est la bonté d'une vieille femme qui sur le bord de la route donne un morceau de pain à un bagnard qui passe. C'est la bonté d'un soldat qui tend sa gourde à un ennemi blessé, la bonté de la jeunesse qui a pitié de la vieillesse, la bonté d'un paysan qui cache dans sa grange un vieillard juif, c'est la bonté de ces gardiens de prison qui, risquant leur propre liberté, transmettent des lettres de détenus adressées aux femmes et aux mères. » On retrouve le désintéressement, l'amour, au cœur de la noirceur la plus grande.

La modernité nous a échappé

Vous avez abordé la modernité dans votre livre Nous autres, modernes. *C'est un sujet extrêmement important. Pour vous, qu'est-ce que la modernité ? Est-ce aller au-delà de ce que Descartes nous proposait ? Nous rendre maîtres de toutes choses pour améliorer le sort de l'homme et le rendre plus heureux ?*

Il faut prendre la modernité au sérieux. Je ne serai pas antimoderne au point de ne pas témoigner de mon admiration pour l'entreprise moderne, et de ma reconnaissance pour un certain nombre de ses bienfaits, notamment en matière médicale. Nous vivons mieux, nous vivons plus longtemps, nous savons que, dans une période antérieure, nous n'aurions pas guéri de certaines maladies. Il faut toujours avoir cela en tête. Je citerai encore une fois Levinas : « La technologie, dit-il, ne procède pas seulement de la volonté de puissance, cette volonté de puissance est peut-être elle-même l'éventuel prix à payer pour la haute pensée d'une civilisation appelée à nourrir les hommes et à alléger leurs souffrances. » Il existe en effet un projet moderne. Et, dans le cadre de ce projet, la science n'est plus orgueilleuse et contemplative. Elle est active et charitable. Elle se met au service de l'amélioration du sort de l'homme comme c'était déjà le cas chez Descartes qui disait « se rendre comme maître et possesseur de la nature ». Il ajoutait d'ailleurs aussi que la science la plus importante était la médecine.

Simplement, la modernité nous a, en quelque sorte, échappé, et j'en ai eu la confirmation lors de la dernière élection présidentielle de mai 2012. Aujourd'hui, tout le monde parle de changement. Changer dans le sens, bien entendu, d'améliorer. Le changement est alors entendu comme concept progressiste. Et puis tout d'un coup, une personnalité politique qui n'était pas candidat, Nicolas Hulot, a dit : « On ne prend pas conscience des problèmes que pose le changement climatique. » Voilà un changement qui est à l'œuvre aujourd'hui. Or ce changement n'est pas imputable à des causes extérieures à l'humanité. Les climato-sceptiques ne sont pas sérieux. C'est l'humanité qui a mis en marche ce changement, mais elle ne l'a pas voulu. Voilà un changement qui nous tombe dessus alors même que nous le produisons et que nous ne savons pas comment réagir. Et, si nous prenons totalement conscience de ce phénomène, dans toute son ampleur, alors nous sommes contraints, malgré nous, à changer de paradigme, c'est-à-dire à nous émanciper de la rhétorique glorieuse du changement, parce que ce qui importe aujourd'hui, c'est de sauver le monde. Camus le disait déjà, dans son discours de paix en 1957 : « Toutes les générations se croient appelées à refaire le monde, la mienne sait pourtant qu'elle ne le refera pas. Mais sa tâche est peut-être plus grande. Elle consiste à empêcher que le monde ne se défasse. » C'est vrai pour la Terre, c'est vrai pour le climat, c'est vrai aussi peut-être pour d'autres choses comme la littérature et la langue. La langue peut se défaire. Je plaide donc dans ce contexte nouveau pour une écologie généralisée, dans la mesure précisément où le projet moderne s'est infléchi en une sorte de processus inexorable, que nous ne savons plus maîtriser. C'est ce que dit, d'ailleurs, Michel Serres : nous rendre maître et possesseur de la nature. Mais savons-nous maîtriser notre maîtrise ? Cela n'est pas sûr du tout.

C'est là où devient intéressant le mot « culture », au sens d'interaction de l'homme et de la nature. Si on reprend l'étymologie de ce mot, c'est colere *et* colere, au départ, *veut dire « faire un sillon dans la Terre ».*

Absolument. Cela boucle la boucle.

Un cœur intelligent

Le roi Salomon suppliait l'Éternel de lui accorder un cœur intelligent. Dans votre livre Un cœur intelligent, *vous dites que cette prière est toujours d'actualité. Mais à qui l'adresser ? Entre l'intelligence technocratique et l'intelligence théocratique, qui peut être totalement destructrice à travers ses fanatismes et ses intégrismes, y a-t-il une nouvelle voie ? Laquelle ?*

Dans l'introduction à *Un cœur intelligent,* j'écris qu'au terme d'un siècle ravagé par les méfaits des bureaucrates et des possédés, c'est-à-dire d'une intelligence purement fonctionnelle, d'une sentimentalité abstraite, indifférente à la singularité et à la précarité des destins individuels, la prière du roi Salomon est plus que jamais d'actualité. Mais, pour ma part en tout cas, je ne peux pas l'adresser à Dieu. Je ne peux l'adresser qu'à la littérature. Car la littérature est la grande jurisprudence de la vie humaine. La littérature façonne notre sagesse pratique. Il y a cette très belle phrase de Proust que cite Barthes : « C'est sur la cime du particulier qu'éclôt le général. » Avec la littérature, nous n'avons pas affaire à des échantillons, à des spécimens, mais à des individus. Je pense que cette forme d'intelligence doit être cultivée. Mais la littérature n'est pas une garantie, le XXe siècle nous l'a appris. J'ai sur la table un livre très beau, et en même temps attristant, démoralisant, de Maurice Martin du Gard, *Les Mémorables*. Maurice Martin du Gard était le cousin de Roger Martin du Gard, le fameux auteur des *Thibault.* Ce n'est pas un aussi grand écrivain, mais c'était un chroniqueur génial. Dans *Les Mémorables,* il fait la chronique de la vie littéraire en France entre 1918 et 1945 à un moment où la littérature française brille de tous ses feux. Une scène se déroule au ministère des Affaires étrangères dans les années 1920. Dans un bureau se font face Paul Morand et Jean Giraudoux. La littérature est là, en majesté, incarnée par ces deux grands écrivains : Jean Giraudoux qui a écrit en 1939 *Pleins Pouvoirs,* un livre odieusement xénophobe, et Paul Morand qui a été un collaborateur actif jamais repenti et un antisémite déchaîné. Pire encore, et révélateur, il y a ce que Maurice Martin du Gard raconte également dans *Les Mémorables :* sa visite à Jean Cassou, en 1943, à Lyon. Jean Cassou a choisi la résistance. Il est marié à la sœur de Jankélévitch. Maurice Martin du Gard, quant à lui, écrit pour un journal de Vichy. Il est pétainiste, il pense que Pétain est le bouclier. Il a été évidemment traumatisé par la Première Guerre mondiale, cette terrible hécatombe. Mais il va voir Jean Cassou en toute innocence. Or celui-ci lui envoie une lettre à son hôtel : « Je ne peux pas te voir. » Ce sont les meilleurs amis du monde, ils partagent une même admiration pour la poésie. Pourtant, Jean Cassou lui écrit : « Non, ce n'est pas possible, nous n'avons pas fait le même choix. » Martin du Gard ne comprend pas. Et, pour dire son incompréhension, il cite une phrase magnifique de Fontenelle : « On s'accoutume trop, quand on est seul, à ne penser que comme soi. » Cette phrase magnifique le conduit à faire un contresens. Il pense : « Cet homme est seul, il est devenu sectaire, sa solitude l'a rendu sectaire. » Il conçoit la résistance comme sectarisme. Et voilà à quel aveuglement son intelligence littéraire l'a mené !

Je n'en conclurai pas pour autant, comme certains, que la littérature ne sert à rien. Nombreux sont ceux qui trouvent des excuses à la société post-littéraire où nous vivons en disant : « Justement, la culture n'a sauvé personne. » Je pense simplement que nous avons besoin de la littérature pour acquérir un cœur intelligent, mais évidemment elle n'offre aucune garantie. Nous n'avons que cela et nous savons aussi ce qu'a été le désastre de la grande littérature française en 1940 et en 1945.

Vous faites le choix de neuf livres, une bibliothèque idéale. Que vous apportent ces neuf personnages, qu'ont-ils en commun ?

Je ne sais pas ce que ces auteurs ont de commun. J'ai écrit *Un cœur intelligent* sans plan préétabli. Je savais que ces romans m'avaient fait une très forte impression. J'avais le pressentiment que je pouvais écrire sur eux. Mais il n'en résulte aucun système. La littérature, ce sont des fragments d'intelligence. Mais ce n'est pas une intelligence systématique du monde réel.

Vous avez trouvé à ces personnages à la fois le cœur et l'intelligence. Tout le monde sait que c'est quelquefois antinomique.

C'est ainsi qu'il faut concevoir la littérature. Kundera nous y aide, notamment dans ses essais sur le roman, qu'il conçoit comme une entreprise d'exploration du monde réel. La connaissance n'est pas la chasse gardée de la science. Prendre la littérature au sérieux, c'est précisément la réintégrer dans le cadre des arts ou des disciplines qui cherchent à entrer dans l'âme des choses. Dans la littérature, la connaissance va de pair avec l'émotion, comme dans la philosophie parfois. Je ressens une profonde émotion quand je lis Levinas, et aussi d'ailleurs quand je lis Heidegger. Mais, pour la littérature, c'est une condition *sine qua non.* C'est à travers des histoires qui arrivent à des personnages, aussi vivants que des personnages de chair et d'os, que précisément un peu de vérité nous parvient. C'est cet enchevêtrement d'émotion et d'intelligence qui me paraît la marque de la littérature romanesque.

Vous avez choisi la littérature comme terrain d'étude.

Oui, parce que je pense que les études littéraires, issues du structuralisme et du poststructuralisme, ont conduit à refermer le texte sur lui-même. J'ai voulu réouvrir le texte sur le monde et contribuer ainsi à rendre à la littérature sa dignité ontologique. Elle cherche le vrai.

Je ne crois pas à un retour au religieux

*Et la religion ? L'*Homo religiosus *et l'*Homo culturel *sont dépassés. Pourquoi ? Les sociologues de la religion disent que, partout dans le monde, on continue à « croire avec verve ». Si l'on considère la totalité des gens qui sont sur Terre, on totalise quatre milliards d'hommes qui pratiquent une religion, dont un milliard deux cents millions de chrétiens. Je parle du christianisme et de* *toutes les religions. Bien que nous soyons les seuls à avoir glorifié le dégrisement, n'assistons-nous pas à une réinstallation de la religion dans ses droits ? La religion n'est-elle pas la traduction humaine de notre transcendance ? Croyez-vous au retour du religieux ?*

Non, je ne crois pas du tout au retour du religieux, du moins, sous nos climats.

Toutes les grandes religions ont un point commun. Elles nous disent que la vie sur Terre n'est pas le tout de la vie. Il y a un au-delà, une espérance, une consolation. Avec la mort s'ouvre un nouveau chapitre. La religion, pour parler comme saint Paul, retire le dard venimeux de la mort. Je crois que pour les Occidentaux il est trop tard. Même les croyants en Occident qui ont peur de la mort sont très incertains quant à la réalité d'une vie future. Bossuet, dans le *Sermon sur la mort,* cite l'épître aux Corinthiens : « Si cette maison de misère et de boue dans laquelle nous habitons est détruite, nous avons aussi une autre maison qui nous est préparée au Ciel. » Il n'y a pas d'autre maison, dit l'athée, et il en souffre. Et le croyant, c'est d'une voix très mal assurée qu'il dit aujourd'hui : « Il y a une autre maison. » Voilà pourquoi je ne crois pas à un retour du religieux en Occident. Là est peut-être la grande différence entre l'Occident et l'Islam. Ce qui est très frappant dans les manifestations les plus extrêmes de l'islamisme, c'est la certitude de l'au-delà, toujours. On réserve le Paradis aux martyrs. Je ne dirais pas qu'ils vont à la mort avec le sourire mais cela crée, me semble-t-il, une disparité très profonde, entre ceux qui disent qu'ils vivent comme si, quand bien même ils croiraient, il n'y avait pas d'autre maison, et ceux qui sont sûrs qu'il y en a une autre et qui sont presque impatients d'y aller. Le retour du religieux existe là où l'on pense dans ces termes. Je ne crois pas que l'Occident puisse un jour retourner à cette forme de foi.

Le courage, c'est dire ce que l'on voit

Pour vous, qu'est-ce que le courage ? Jusqu'où peut-on aller pour exprimer sa liberté de conscience ? Pour exprimer ses convictions ? Parlez-nous de vos engagements.

Le premier courage, pour moi, est physique. De ce courage-là, je ne sais pas du tout si je serais capable. Quand je vois des images de ces soldats de 14-18 qui sortaient des tranchées sous la mitraille allemande, je me dis que je n'aurais jamais pu, que j'aurais été tétanisé par la peur. Je pense aussi à la Résistance. En aurais-je eu le courage ? Qu'aurais-je fait sous la torture ? « Le secret d'un homme, dit Sartre, n'est pas son complexe d'Œdipe mais son pouvoir de résistance aux supplices et à la mort ». Ces questions obsédaient les générations antérieures. Elles nous ont été transmises et nous nous les posons avec modestie parce que l'histoire nous a épargné cette épreuve de vérité. J'ai vécu en France dans une période de paix relative. Je n'ai pas été mobilisé. Je n'ai même pas connu la guerre d'Algérie. Je n'ai pas fait mon service militaire. Donc, quand on me dit qu'il faut être courageux pour énoncer tel ou tel propos, j'accepte le compliment mais j'ai envie de répondre qu'il s'agit d'un courage métaphorique. Je n'ai pas eu l'occasion d'être vraiment courageux, je n'ai pas bravé la mort. En revanche, nous vivons de plus en plus sous une chape de plomb idéologique, celle du politiquement correct. Et il faut savoir lui résister. Ce n'est pas la résistance au sens que ce mot a pris entre 1940 et 1945, ce n'est pas un courage physique, mais cela demande malgré tout une certaine fermeté et le prix à payer n'est pas la prison mais le lynchage médiatique, c'est désagréable. Et j'ai connu cette épreuve.

Vous avez été mis en cause dans un livre de Daniel Lindenberg, Le Rappel à l'ordre.

Oui, j'étais sur la liste des nouveaux « réactionnaires ». Mais « réactionnaire » ce n'est pas encore trop grave. Le problème aujourd'hui en France est que le politiquement correct s'articule autour de l'antiracisme. Le risque que vous prenez lorsque vous remettez en cause un certain nombre de ces dogmes, c'est d'être traité de raciste. Pourtant, je crois qu'il faut garder les yeux ouverts car, au nom de l'antiracisme, on choisit quelquefois l'abrogation du monde réel. Je vais donner un exemple tout de suite. En 2002 est paru un livre très intéressant et terrible, *Les Territoires perdus de la République*. C'est un livre collectif où un certain nombre de professeurs traitaient du sexisme, de l'antisémitisme et de la francophobie qui régnaient dans ce qu'on appelle aujourd'hui les « quartiers populaires », terme d'ailleurs politiquement correct aussi. Cela, l'antiracisme officiel ne veut pas l'entendre. L'Europe antiraciste est prête à combattre ses démons. Mais tout d'un coup, elle a des ennemis et face à ses ennemis, elle est complètement désarmée et décontenancée. On peut dénoncer la xénophobie française mais la francophobie en France, on en fait quoi ? On peut dénoncer l'antisémitisme à la Breivik, l'antisémitisme d'extrême droite, mais un antisémitisme venu de victimes potentielles du racisme et de l'exclusion, c'est beaucoup plus difficile. On choisit alors de ne pas le voir, on fait le gros dos. La tâche de l'intellectuel, c'est de dire ce qu'il voit, et plus encore, pour parler comme Péguy, de voir ce qu'il voit. Parce que, précisément, le politiquement correct nous interdit de voir ce que nous voyons, pour les meilleures raisons. On ne doit pas accabler des gens qui sont déjà dans une situation extrêmement précaire. Il ne faut pas tomber dans la stigmatisation. Mais il ne faut pas non plus censurer les mauvaises nouvelles idéologiques. Entre ces deux écueils, la voie est étroite. Et j'avance en tremblant.

Israël doit œuvrer à la création d'un État palestinien

La Discorde. Israël-Palestine, les Juifs, la France *est un livre élaboré par Elisabeth Lévy, retraçant vos débats avec Rony Brauman. Israël fait partie de vos engagements ?*

Israël, disons la question israélo-palestinienne, m'obsède depuis longtemps. Et je suis vis-à-vis de cette question dans une situation très délicate, parce que, à la fois, je veux défendre Israël contre la réprobation et la haine, à mes yeux, infernales, dont Israël est l'objet, et je veux pouvoir maintenir une critique rationnelle de tel ou tel aspect de la politique israélienne. Je dois donc tenir constamment les deux extrémités de la chaîne. Par exemple, Mohamed Merah a tué à bout portant quatre juifs, dont trois enfants, à la sortie d'une école. Qu'a-t-il dit ? Qu'il voulait venger les enfants de Gaza. Et c'est précisément parce qu'il a dit cela qu'il a été héroïsé, par certaines personnes, dans ces fameux « quartiers populaires ». Beaucoup ont refusé la minute de silence que leur demandait leur professeur en avançant qu'on n'observait pas une minute de silence pour les enfants palestiniens qui meurent tous les jours, pour les victimes de bavures policières. L'antisémitisme passe aujourd'hui en France par la haine d'Israël. Il ne faut pas se raconter d'histoires, il ne faut pas se leurrer. C'est la haine d'Israël qui nourrit l'antisémitisme. Mais d'un autre côté, il est tout à fait légitime de s'inquiéter d'une politique d'implantation continue en Cisjordanie. Il y a quelque temps, le gouvernement israélien a officialisé plusieurs colonies sauvages. Cette décision est regrettable, critiquable, absurde. Je m'élève contre cette décision, mais je suis obligé de dire constamment les deux choses en même temps, et c'est très difficile.

Quelle vision de l'avenir avez-vous pour une réconciliation d'Israël et d'un éventuel État palestinien ?

Je ne sais pas. Je pense que si Israël maintient cette politique du statu quo, on risque d'aboutir à l'État unique, c'est-à-dire que les Israéliens se retrouveront minoritaires dans leur propre pays. Ce sera une destruction du sionisme par lui-même. Il serait donc indispensable pour les Israéliens d'œuvrer le plus vite possible à la création d'un État palestinien. Mais d'un autre côté, je comprends leur paralysie. Lorsqu'ils se sont retirés du Liban, ils ont eu le Hezbollah, lorsqu'ils se sont retirés de Gaza, ils ont eu le Hamas, ils ont peur que le Hamas ne soit déjà majoritaire en Cisjordanie, et il est vrai que je ne vois pas du tout l'amorce d'une réconciliation entre le Hamas et les autorités palestiniennes. La situation me semble donc très noire, mais je crois, malgré ces difficultés, que la communauté internationale et l'Europe doivent œuvrer à tout prix, sinon pour une réconciliation, du moins pour une véritable séparation entre Israéliens et Palestiniens. Donc deux États.

Donc, vous êtes pour un État palestinien.

Oui.

Mais comment impliquer le Hamas, le Hezbollah ? Cela reste difficile…

Oui, bien sûr.

Les exclure, c'est négatif, les inclure, c'est compliqué.

Les difficultés existent des deux côtés. Les Israéliens traînent les pieds pour de bonnes mais aussi pour de mauvaises raisons parce que les responsables politiques israéliens savent très bien que s'ils démantelaient un certain nombre d'implantations en Cisjordanie, il y aurait un affrontement et peut-être une guerre civile.

C'est pourquoi ils maintiennent le statu quo. Mais d'un autre côté, l'autorité palestinienne continue à faire peser la menace du droit au retour. Car les Palestiniens, même les plus modérés, n'ont pas renoncé au droit au retour, c'est-à-dire à la possibilité faite aux Palestiniens qui vivent en Syrie et au Liban d'aller vivre dans les territoires d'Israël et pas dans le nouvel État palestinien. Il faut savoir également que les Palestiniens du Liban sont maintenus dans une situation de précarité extrême. Ils subissent une multitude d'interdictions professionnelles, on ne veut pas qu'ils s'intègrent. Ils entretiennent et radicalisent eux-mêmes le discours palestinien, parce que, ce qu'ils veulent, c'est rentrer en Israël. Cela crée une situation difficile. Aucun Israélien, même le plus ouvert, le plus enclin à la paix, ne peut accepter l'idée de droit au retour. Il y a donc aujourd'hui des difficultés des deux côtés.

Pour nous, la démocratie procède des Droits de l'homme

Que pensez-vous de la révolution démocratique des pays du monde arabe ? On a parlé de « printemps arabe ». Mais quand on voit ce qui se passe actuellement, est-ce une nouvelle manifestation de cette défaite de la pensée, où l'histoire des civilisations est l'histoire des collectes de la colère ?

C'est intéressant parce que j'avais été interrogé par *Le Monde,* en février 2011, avec un certain nombre d'autres intellectuels, et j'avais dit à la fois mon enthousiasme et ma prudence. C'était un magnifique commencement, disais-je, mais enfin, on ne sait pas où cela va aller. L'article s'intitulait « L'intelligentsia du silence ». Il était très critique à notre égard, on disait de nous que nous étions obnubilés par l'islamisme, incapables de penser une démocratie arabe ou juste ignorants. On disait même que nous étions racistes puisque nous avions célébré la chute du mur de Berlin et que nous nous faisions discrets sur la révolution démocratique dans le monde arabe.

Nous pouvions en effet nous interroger sur ces manifestations place Tahrir, au Caire. Elles étaient très impressionnantes et scandées par de gigantesques prières. Donc, comme dans la révolution iranienne, au cœur de ces manifestations, il y avait la religion. Notre inquiétude s'est d'ailleurs trouvée confirmée. En Libye, à peine le pays libéré, les dirigeants, remerciant les Occidentaux, ont souhaité rétablir la charia et la polygamie.

Et ils les inscrivent dans la Constitution.

Oui. Nous savons que les islamistes, en Tunisie, n'ont pas inscrit la charia dans la Constitution, mais ils sont au pouvoir tout comme en Égypte. Ces mouvements sont démocratiques, mais pas au sens où nous l'entendons nous. Car, pour nous, la démocratie procède des Droits de l'homme et du citoyen. Tout homme a droit à l'autonomie et à l'indépendance. Cela veut dire que la liberté de conscience et de culte, de penser publiquement, la liberté de réunion, sont des droits au-dessus desquels ne peut se placer aucun souverain absolu, peuple ou roi. Je citerai un grand penseur républicain français, Ledru-Rollin : « Toute usurpation de ces droits serait un crime de lèse-humanité et, concluait-il, le peuple entier, moins un, fût-il complice, il y aurait attentat à la loi sociale [...], car il y aurait un esclave ou bien un martyr. » C'est ainsi que nous concevons les Droits de l'homme. L'autonomie de l'homme fonde la souveraineté du peuple et la limite en même temps. Si vous instaurez une loi qui réduit la liberté de la presse et rétablit la censure, une loi qui interdit un certain nombre de professions à certains groupes ethniques, même si cette loi est majoritaire, elle ne sera pas démocratique. C'est notre conception de la démocratie. Droits de l'homme et du citoyen, souveraineté du peuple, limité et surveillé par l'idée d'humanité. Or une autre modalité de l'idée démocratique est mise en œuvre avec le printemps arabe, lorsque l'on veut majoritairement rétablir la charia. Car rétablir la charia remet en cause l'égalité entre les êtres humains, le droit de chaque être humain à cette autonomie qui nous est si chère. Notre idée de l'humanité, sur laquelle repose la démocratie, est une idée universelle, mais les révolutions arabes mettent à mal cet universalisme. C'est très difficile à vivre, très difficile à penser. D'où notre situation très délicate. Nous ne pouvons pas abandonner à leur sort des femmes, notamment des pays arabes, qui se réclament de notre idée de la démocratie, mais nous devons prendre acte de ce « désir démocratique d'hétéronomie » qui se fait jour dans les pays arabes. Et donc, la prudence qui était la nôtre en 2011 était tout à fait justifiée.

Je voudrais être vivant jusqu'à ma mort

Alain Finkielkraut, à une époque où l'espérance de vie n'a jamais été aussi élevée, où les progrès de la médecine n'ont jamais été aussi avancés, comment expliquez-vous ce refus de la vieillesse, ce refus de la mort, de la maladie dans le monde occidental ? N'est-il pas néfaste de vivre à tout prix à l'abri de la douleur ?

Je crois qu'il est plus néfaste de vivre dans la douleur qu'à l'abri de la douleur. Et ceux d'entre nous qui ont eu à affronter la maladie le savent. Je suis très heureux qu'aujourd'hui on soigne les maladies, et qu'en même temps aussi on puisse alléger la douleur. Le rapport que nous avons à la mort est fondateur de la modernité. Je pense à un texte que m'a fait découvrir un grand philosophe du XXe siècle, Ernst Cassirer, un texte déjà très ancien, de Johannes von Saaz, *Le Laboureur de Bohême*. Un laboureur perd sa femme, il l'aimait, elle meurt jeune, et il s'en prend à la mort. Il la maudit et la traite d'assassin. Celle-ci lui répond et utilise tous les arguments métaphysiques pour l'apaiser. Mais il ne se calme pas. La mort demande alors l'arbitrage de Dieu. Dieu dit : « Vous vous êtes bien battu, honneur au plaignant, victoire à la mort. » Cassirer ajoute : « Ce n'est pas tout à fait une victoire, parce que si sa force physique est intacte, sa force spirituelle est brisée. » L'anéantissement de la vie ne signifie plus le néant de cette vie. La modernité prend la mort au collet, on ne veut pas lui laisser le dernier mot. La vaincre est sans doute impossible mais en même temps, il s'agit de gagner sans cesse sur elle et c'est absolument prodigieux. Il y a des dérives bien sûr. Le désir d'immortalité peut nous conduire à une démiurgie extrêmement inquiétante, à transgresser toutes les limites, mais c'est aussi la grandeur de notre civilisation. Hans Jonas a écrit à la fin de sa vie un très beau texte sur le fardeau et la grâce d'être mortel. Peut-être en effet importe-t-il, sinon d'accepter la douleur, du moins d'être capable de fixer des limites à un pouvoir de plus en plus grand et de plus en plus manipulateur, de nous réconcilier avec notre finitude. Il nous encourage à compter nos jours et à les faire compter. Mais c'est plus facile à dire qu'à faire !

À Caltech, il y a des chercheurs qui pensent que la vieillesse est une maladie. Ils sont en train de l'étudier et cherchent des remèdes pour la guérir. Qu'en pensez-vous ?

Je ne pense pas qu'on puisse guérir d'une maladie comme la vieillesse. Mais il y a quelque chose de poignant et d'inquiétant dans l'allongement de la durée de la vie. Aujourd'hui, on peut être vieux très longtemps, c'est-à-dire être diminué physiquement et intellectuellement très longtemps. Et nous le craignons tous. J'ai ce rêve, pour ma part, d'avoir sous la main le moyen de mettre fin à mes jours le jour où je commencerai à me sentir diminué. Je ne veux pas imposer à mon entourage la présence d'un nonagénaire dément. Et je pense souvent à ce vœu que Paul Ricœur prononce et que d'ailleurs la vie a exaucé pour lui. Il disait : « Je voudrais être vivant jusqu'à ma mort. » C'est magnifique. Et c'est ce que nous souhaitons tous. Mourir tout en restant vivant. Il ne s'agit pas de faire du ski ou de la voile après 80 ans, il s'agit simplement d'avoir, sinon la plénitude de ses moyens, du moins la possibilité d'aimer la vie jusqu'au bout. Ce qui est terrible, ce sont ces vies qui se survivent, ces vies dans la prostration, ces vies dans l'hébétude. Nous avons peur de la mort, mais nous avons plus peur encore de la vieillesse. Et nous nous demandons quelle est la bonne heure pour mourir. On ne veut pas mourir trop tôt, mais on ne veut pas non plus mourir trop tard. Voilà où nous en sommes.

Déconnectez-vous !

Pouvez-vous nous donner un message de paix, d'espoir pour la jeune génération ? Que voulez-vous leur dire ?

Je ne suis pas le pape, donc ce n'est pas mon rôle, ni ma vocation, ni mon tempérament. Je n'ai pas de message à donner. J'essaie simplement de réfléchir, et de réfléchir lucidement. Je pense à la dernière conversation téléphonique que j'ai eue avec Benny Lévy. C'était quelques semaines avant sa mort, il m'appelait de Jérusalem, il voulait que je participe à un séminaire sur le messianisme. Je lui parlais du tragique et, impatient, il a eu cette phrase qui m'habite depuis lors. Il m'a dit : « Écoute, Alain, nous avons 120 ans, il est temps de nous poser la question : "Qu'est-ce que nous allons dire à nos enfants ?" » C'est très beau. La vraie question c'est cela, ce n'est pas tellement un message de paix et d'espoir, c'est la possibilité de transmettre quelque chose. Moi, évidemment, ce que je voudrais transmettre, c'est le goût des livres, le goût de la méditation et, dans l'univers technologique qui est le nôtre, j'ai peur que ce message n'ait de plus en plus de mal à se faire entendre. Nous sommes dans un univers où la transmission elle-même, quel que soit son objet, est en péril puisque la communication l'emporte. Avec toutes ces machines, tout le monde communique tout le temps. Il y a une sorte de bourdonnement de socialité perpétuelle. Mon message serait donc : débranchez-vous, déconnectez-vous. Voilà mon message pour les jeunes générations.

Entretien IV

Fabrice Hadjadj

Présentation

Fabrice Hadjadj est né en 1971. Professeur agrégé de philosophie, il se présente lui-même comme « juif de nom arabe et de confession catholique ». Issu d'une famille de confession juive, de parents militants révolutionnaires maoïstes en Mai 68, il a grandi dans une culture marquée par Marx, Reich et Althusser. Il se passionne pour Nietzsche, Artaud, Cioran et Bataille et écrit le manifeste de la jeune génération : *Objet perdu.*

Brillant essayiste et philosophe, il se convertit brutalement et radicalement en 1998 en l'église Saint-Séverin à Paris à la suite d'un événement imprévu : la maladie de son père. Il est baptisé à l'abbaye Saint-Pierre de Solesmes, abbaye dont il est lui-même oblat.

Professeur de philosophie et de littérature au lycée privé Sainte-Jeanne d'Arc, à la faculté de l'Institut de philosophie comparée de Paris et au Séminaire de Toulon, il est aujourd'hui directeur de l'Institut européen d'études anthropologiques à Fribourg, en Suisse : Philanthropos.

Il est l'auteur de nombreux ouvrages dont : *La Terre chemin du ciel* (Paris, Éditions du Cerf, 2002), *Réussir sa mort. Anti-méthode pour vivre* (Paris, Presses de la Renaissance, 2005*)*, *L'Agneau mystique* (Paris, L'œuvre, 2008), *La Foi des démons ou l'athéisme dépassé* (Paris, Salvator, 2009, prix de la littérature religieuse 2010), *Le Paradis à la porte. Essai sur une joie qui dérange*

(Paris, Seuil, 2011), *Comment parler de Dieu aujourd'hui ?* (Paris, Salvator, 2012).

Il dit de lui : « Ma mission est celle de tout baptisé. Elle est liée au mystère de l'Incarnation. Cette Incarnation nous incite en retour à une assomption de tout ce que nous sommes, à ne rien renier de ce que nous avons reçu, mais à le porter dans la pleine lumière… Le Christ n'est pas venu pour abolir mais pour accomplir. Tout subsiste en lui, dit saint Paul. » Il affirme aussi sa vocation en disant que « la conversion reste une épreuve jusqu'à la mort ».

Pour Fabrice Hadjadj, face aux dangers de la société, de la technocratie inhumaine et de l'intégrisme destructeur et surtout face au néant du tout permis, il est important de pouvoir affirmer sa pensée et ses valeurs. Pour lui, le totalitarisme, le tout libéralisme et le tout laisser-faire sont une dérive des nouveaux Droits de l'homme. Pour les contrer, la seule possibilité est de réintroduire le visage de l'Autre et les grandes valeurs chrétiennes.

Il se définit comme un naïf. La naïveté permet à l'intelligence d'exercer sa fraîcheur comme un enfant. Elle est le contraire de la ruse qui, pour lui, mène à la certitude, donc à l'imbécillité. Cela lui permet de revisiter d'une façon décapante les concepts de la religion et des institutions de la société pour mieux réaffirmer le christianisme comme essentiel à l'homme. Et quand l'Europe a perdu en partie sa religion, le christianisme, elle s'est mise à vivre des restes du christianisme : souci des pauvres, liberté, justice, fraternité. Il se réfère à des auteurs, aussi bien athées que chrétiens, pour renforcer les valeurs chrétiennes. Ainsi, avec Émile Durkheim, père de la sociologie et auteur des *Formes élémentaires de la vie religieuse,* il peut affirmer : « Nous avons établi que les catégories fondamentales de la pensée et, par conséquent, la science ont des origines religieuses… On peut dire que presque toutes les grandes institutions sociales sont nées de la religion. » Citant Jean-Pierre Dupuy, il réintroduit l'économie contemporaine dans cette origine.

Le libéralisme est une forme de foi religieuse – Adam Smith parle de main invisible – qui croit en la Providence.

Pour Fabrice Hadjadj, l'homme ne peut donc pas échapper à la religion. Son livre *La Foi des démons ou l'athéisme dépassé* nous entraîne au cœur d'une arène : celle du combat de la foi, principalement contre l'orgueil. L'important, c'est que nous puissions reconnaître qui est l'ennemi. Rien de pire que de se tromper d'adversaire. Il replace le démoniaque et le mal au cœur de l'homme. Il n'est pas si extérieur : l'ennemi ne se trouve pas uniquement parmi les libertins et les luxurieux, les athées ou les agnostiques, mais au fond de nous-mêmes.

Pour lui, le statut de l'homme est lié à la transcendance et nous risquons de le perdre si nous nous laissons aller aux extrêmes ou au laxisme.

La foi ne peut se comprendre que si nous parlons d'une foi démoniaque. Est-ce une provocation ? Non, c'est un travail pour faire redécouvrir la profondeur des textes de l'Évangile qu'il revisite d'une manière talmudique, pour mieux éclairer le versant terrible des dangers qui guettent l'humanité. Pour lui, le texte évangélique sur les trois tentations du Christ dans le désert est fondateur. « Après avoir jeûné quarante jours et quarante nuits, il eut faim. Et le tentateur s'approcha et lui dit… » Les trois tentations nous éclairent sur la vraie nature du mal.

La première tentation : « Transforme ces pierres en pain. » La deuxième : « Jette-toi en bas, tu seras sauvé par les anges. » La troisième, le diable emmène Jésus sur une très haute montagne, lui montre tous les royaumes du monde et lui dit : « Ces choses, toutes, je te les donnerai, si tu tombes et te prosternes devant moi. » La tentation, qui se fait sur le mode de la suggestion comme le commente saint Thomas, procède par étapes : le démon ne tente pas l'homme spirituel tout de suite avec des péchés graves, mais il commence par des choses légères. Le Séducteur suit un ordre, il commence par une chose légère, la satiété, pour entraîner ensuite à la vaine gloire, être transporté par les anges, puis à la cupidité et à l'orgueil, posséder tous les royaumes de la Terre. Il frappe à partir de ce à quoi on est attaché.

Pour lui, cet exemple nous enseigne trois points essentiels : le Malin est un pur esprit, qui a la foi, puisqu'il reconnaît le Christ. C'est un bibliste et un savant. Il connaît nos défauts et sait nous entraîner sur la pire pente à partir de nos petits penchants. Son but est de nous entraîner à partir de là vers le crime de l'Esprit. Les pires crimes ont été commis au nom d'une idéologie : Torquemada, Marx, Mao, Hitler, Pol Pot. Faire croire que, pour le bien commun, le totalitarisme est nécessaire à la rédemption de l'humanité.

Les trois tentations résument tout le drame de l'humanité. Dostoïevski le reconnaît par la voix de son Grand Inquisiteur dans *Les Frères Karamazov* s'adressant au Christ : « Cherchez, trouvez trois questions qui non seulement correspondent à la grandeur de l'événement mais encore qui expriment en trois phrases toute l'histoire de l'humanité future, crois-tu que ce congrès de toutes les intelligences terrestres pourrait imaginer quoi que ce soit d'aussi fort, d'aussi haut que les trois questions que te proposa alors le puissant Esprit ? » Il est question à travers ces tentations de la chair et de l'Esprit : la chair sans l'Esprit, l'Esprit sans la chair, l'Esprit et la chair unis mais diminués. Notre corps est notre meilleur rempart contre le crime de l'Esprit. Si le Séducteur n'atteint pas le corps, il ne saurait en aucun cas atteindre l'orgueil incommensurable qui a présidé aux pires crimes contre l'humanité. Le diable est un ascète, extrêmement « spirituel » et intelligent. Il est un pur esprit qui ignore les plaisirs. Il est friand de spiritualité. Il ne s'attaque fondamentalement qu'à l'Esprit. Il faut le combattre en permanence.

Pour Fabrice Hadjadj, le plus grand ennemi du mal est l'Amour et, tout particulièrement, l'Amour de l'Autre. Dans son livre *Le Paradis à la porte,* il replace l'Amour dans sa dimension d'un désir d'au-delà. Cela se traduit dans la vie par des gestes ou des mots qui nous dépassent. Le premier mot que nous prononçons le matin c'est : « Bonjour ! » « C'est la chose la plus simple mais qui creuse de soudains vertiges. »

Dans *Sodome et Gomorrhe,* Proust évoque l'extrême présence d'esprit de Swann, quand il est chez la duchesse de Montmorency et qu'il lui faut saluer le duc de Guermantes ayant à son bras la reine d'Angleterre. « J'aurais pu écrire un chef-d'œuvre, les Guermantes m'en eussent fait moins d'honneur que ce salut. »

Dante reçoit l'impulsion de son œuvre *La Divine Comédie* du simple bonjour donné par Beatrice Portinari, un après-midi de 1278 à Florence. « Elle me salua si vertueusement qu'il me sembla entrevoir le sommet de la béatitude. » C'est une métaphysique du salut.

De même pour « Au revoir » ou « Adieu ». On ne dit pas « Au néant ». C'est l'orée de l'inespéré. Ces incroyables « Bonjour » et « Au revoir », nous les réitérons tous les jours.

En fait, si nous nous référons au Deutéronome, il est dit : « Ce commandement que je te commande n'est pas pour toi trop difficile ni lointain : la Parole est tout près de toi, elle est dans ta bouche et dans ton cœur, pour que tu la mettes en pratique. »

Ce désir d'un au-delà, ce désir du très grand jour, nous avons essayé de le remplacer par des convictions terrestres, mais sans succès. Notre vie serait facile sans ce besoin absolu d'Éden. Notre idée de Paradis est paradoxale et ouvre la porte à la possible parodie, parce qu'elle nous fait mal et qu'elle peut devenir une cause d'enfer.

Irrités par elle, nous nous résignons moins bien à notre condition mortelle et plus encore nous nous battons sur ce à quoi il pourrait correspondre. Et, nous dit Fabrice Hadjadj, toutes les guerres se font au nom du bonheur. Tous les massacres, au nom de la fraternité. Pascal, dans ses *Pensées,* note à propos du Paradis : « Depuis que l'homme a quitté le vrai Bien, c'est une chose étrange qu'il n'y a rien dans la nature qui n'ait été capable de lui en tenir place, astres, ciel, terre, éléments, plantes, choux, poireaux, animaux, insectes, veaux, serpents, fièvre, peste, guerre, famine, vices, adultère, inceste. » Référence à la dynastie des Ptolémées, à Aton, dieu Soleil adoré d'Akhénaton, au veau d'or, à la peste représentée par Nergal, le dieu menaçant et respecté des Mésopotamiens. Les poireaux étaient offerts en bottes géantes aux guerriers de la pyramide de Kheops, Néron était porrophage pour adoucir sa voix, les asperges sont un moment de béatitude pour Proust quand il les contemple.

Il n'en demeure pas moins un éclat du Ciel entrevu dans ces choses terrestres. Un paradis en miettes essaimé dans le quotidien.

Si on parle de Paradis, on parle aussi de l'Enfer. Le Paradis dans sa continuité parfaite paraît bien ennuyeux. L'adoration d'un seul et même Dieu paraît bien longue.

On préfère l'Enfer. On lit plus volontiers l'*Enfer* de Dante que le *Paradis*. Nous préférons le drame à la joie. Et Victor Hugo l'affirme à propos de *La Divine Comédie :* « À mesure qu'on monte, on se désintéresse. » Les premiers damnés : Francesca da Rimini et son beau-frère Paolo Malatesta nous paraissent avoir une vie plus excitante. Nous préférons le bruit et la fureur.

Mais paradoxe, le Paradis est le lieu de toutes les perfections. Si je suis plus parfait : je suis plus différent. Le Paradis doit être un drame souverain.

L'Enfer, nous en avons une vision déformée et en faisons un usage abusif : l'enfer d'Auschwitz. Si Auschwitz est un enfer : il n'y aurait aucune victime et que des bourreaux !

En fait, l'Enfer est une damnation pour une condamnation entièrement subie, c'est une peine infernale essentiellement douloureuse. L'Enfer est « par son choix libre » un « état d'autoexclusion définitive » et sa peine principale consiste en la séparation éternelle d'avec Dieu.

Le damné préfère se fabriquer son petit paradis privé. Le damné est mieux exaucé car il l'est à partir de son plan alors que l'élu l'est à partir d'un dessein divin qui le dépasse. D'où l'outrance de Dante, le Paradis a quelque chose d'effrayant : « Le mystère de communion avec Dieu et avec tous ceux qui sont dans le Christ dépasse toute compréhension et toute représentation. »

Le néant est plus attrayant, d'Épicure à Mécène : « Tant que j'y suis, il n'est pas. Et quand il est là, je n'y suis plus. »

La finitude marquée par la mort est moins cassante que celle révélée par l'au-delà. Pour Mircea Eliade : « Si on ne lui accorde aucune attention, le temps n'existe pas. » Il parle des systèmes archaïques qui tentent par leurs rites d'abolir le temps. Le roi ici sera roi là-haut et c'est pour cela qu'on l'enterre avec ses femmes, concubines et servants.

Alors pourquoi étudier la notion de Paradis ?

Pour Fabrice Hadjadj, le mot « paradis » fait partie de notre quotidien. C'est une expression permanente dans notre langage courant : le paradis latin, le paradis de la femme, le paradis fiscal, etc.

Par ailleurs, ne pas opposer le Paradis céleste au Paradis terrestre, c'est rayer toute une partie de notre histoire. De plus, le Paradis terrestre et le Paradis céleste ont fait l'objet au cours des siècles de trois confusions et de séparations majeures qui ont provoqué chaque fois guerres et désastres : elle met le politique en crise en installant la cité céleste contre la cité terrestre ou en confondant les deux. Ainsi, Irénée de Lyon avec la thèse de la gnose : la cité céleste tient lieu de cité terrestre. Les religieux sont plus puissants que les rois : « Ils devront répondre au tribunal de Dieu de tous les hommes, fussent-ils rois. » La théocratie mène à l'Inquisition. La théocratie pontificaliste finit pas susciter la théocratie révolutionnaire : le messianisme. Thomas Münzer l'entend comme un appel à la révolution.

Philippe le Bel, en 1303, fait séquestrer Boniface VIII. Cela va entraîner le mouvement autonomiste et les guerres de Religion : schisme anglican, protestantisme, jansénisme. Puis Kant, en opposant la Société extérieure à la Société intérieure, prône le « laisser-aller les choses du train qu'elles vont à présent ». Il est le précurseur du libéralisme avec la mécanique des intérêts individuels, la société s'orientera vers la « Paix perpétuelle ». Ensuite, le libéralisme est considéré comme immoral. Saint-Just, Marx, Hitler veulent faire descendre le Paradis sur Terre. Les pires totalitarismes sont nés : la Terreur (moralisme), le communisme (justice sociale), le nazisme (esthétique de la force et de la pureté) qui a mené à la pire des barbaries.

Pour Fabrice Hadjadj, après les totalitarismes, le désir de paradis immédiat, « Jouissez ici et maintenant », conduit au consumérisme mercantile et mène l'être loin de l'être et au néant.

Le transhumanisme dépasse le nihilisme de Nietzsche. Le virtuel surpasse le réel.

Face à toutes ces dérives, Fabrice Hadjadj instaure un idéal régulateur : l'au-delà éclaire et ordonne la vie présente. En effet, si le bien commun temporel ne peut pas être confondu avec le bien commun éternel (totalitarismes et guerres), le bien commun temporel ne peut pas non plus être séparé du bien commun éternel (laxisme meurtrier). Pour Fabrice Hadjadj, qui cite Emmanuel Levinas : « La "petite bonté" allant d'un homme à son prochain se perd dès qu'elle se veut doctrine, traité de politique et de théologie. Elle reste pourtant le seul refuge du Bien dans l'Être. » Notre époque est une époque formidable : « Son désastre permet l'aube d'un désir plus haut. »

Tous les écrivains, philosophes et artistes, de Nietzsche à Bonnefoy, de Baudelaire au Bernin, de Sade à Mozart, ont tenté de nous faire approcher ce que le Paradis a de plus terrible et de plus beau : le seuil d'un inconnu, une béance.

Le Ciel éclaire-t-il le monde ? Le Ciel lui fait-il de l'ombre ?

Dans un monde de détresse, de noirceur, de malheur, de pensée ténébreuse et de cruauté, Fabrice Hadjadj tente de nous sortir de la tentation de complicité avec les ténèbres en nous réapprenant le vrai sens de la joie, de l'amour et de la foi.

Il nous donne une leçon de « ka(ra)téchisme », afin d'apprendre comme saint Paul à « faire du pugilat sans frapper dans le vide ». Il est urgent de réintroduire les valeurs chrétiennes dans le politique, l'économique, le social et pas seulement de les cantonner au religieux. Il ne faut pas mal interpréter la laïcité. L'homme, dans tous les moments et les actes de sa vie, peut affirmer les valeurs qui le sauvent. « La moindre parcelle de ce qui existe pour de bon, c'est dans le Christ qu'elle subsiste et qu'elle trouve son sens et harmonie avec les autres choses. Le grand puzzle ne s'assemble qu'en nous faisant voir son visage. Aussi sa lumière est-elle surnaturelle. Elle n'est pas une culture qui devrait éliminer les autres. Elle n'est pas non plus dans un mélange des cultures. Ce qui rend cela possible, c'est à la fois "*Caritas in Veritate*" et "*Veritas in Caritate*". » Fabrice Hadjadj touche un point essentiel pour le chrétien, à savoir ce combat spirituel qu'il doit mener âprement tout au long de sa vie.

Réouvrir l'histoire par une espérance

Face aux grands dangers qui nous guettent, qui pourraient provoquer la destruction, selon vous, pure et simple de l'humain, la technocratie et la théocratie, comment pouvons-nous agir sur le monde ? Quelles sont les perspectives pour l'homme ? Comment le christianisme s'impose de plus en plus par ses valeurs et ses perspectives de réflexion comme un recours certain pour l'avenir de l'humanité ?

Je pense qu'il faut effectivement faire un état des lieux. À quelle époque sommes-nous ? La crise n'est pas une nouveauté. Elle a commencé dès l'origine. Le livre de la Genèse nous l'explique dès son troisième chapitre. Nous sommes cependant aujourd'hui dans une situation spécifique. Quelle est cette spécificité de notre époque ? C'est qu'elle ressemble moins à une époque qu'à un délai, comme le remarque Günther Anders. Le progressisme s'est effondré. Nous ne croyons plus aux lendemains qui chantent. C'est un fait. Et le catastrophisme tend à se généraliser. Cette croyance au progrès, qui a marqué l'Occident à partir du XVIIe siècle, s'est cristallisée au moment de la Révolution française, et elle a donné les grandes utopies qui ravagèrent le XXe siècle, à savoir le communisme, le nazisme et le libéralisme. Pour le dire en raccourci et avec trois noms propres, cette triade a produit Kolyma, Auschwitz et Hiroshima. Désormais, ce qui prédomine, c'est le sentiment de l'imminence d'une catastrophe, nucléaire, climatique, génétique, sentiment renforcé par l'idée darwiniste que l'humanité est un bricolage transitoire de l'évolution qui peut être dépassé par un bricolage plus performant. C'est donc la fin de l'humanisme progressiste. Et l'on semble tendre, à présent, vers ce que l'on pourrait appeler l'anti-humain ou le post-humain, lequel peut prendre au moins trois formes différentes, selon trois manières de sortir de l'humain : soit en allant vers un surhomme, soit en régressant vers la nature, soit en se tournant vers un Dieu écrasant. Ainsi vous avez la technocratie, la *deep ecology* et la théocratie. Trois fondamentalismes, et pas qu'un seul. Dans les trois cas, on abandonne cette « durée » dont parle Hannah Arendt, et qui correspond au temps proprement humain de l'histoire, de la culture et de la politique. Au lieu de la durée humaine, la technocratie recherche l'instantanéité du bouton ; l'écologisme, les cycles de la nature ; la théocratie, l'intemporalité de l'au-delà.

La question face à ces trois fondamentalismes est la suivante : pourquoi sauver l'humain tel qu'il fut donné depuis le paléolithique supérieur ? Du moment que les espoirs mondains s'effondrent, comment pouvons-nous avoir une tendresse pour l'homme avec ses ratés ? Je ne parle pas de sentimentalisme ni d'autocélébration, mais d'une raison objective, d'un fondement réel. Il faudrait, d'une certaine façon, reconnaître que la clownerie humaine est divine, c'est-à-dire aimée, aimée par quelque chose qui la dépasse. Il faudrait une espérance qui ne dépende pas de notre efficience. Je veux dire par là qu'elle ne viserait pas la fin de l'histoire, mais la réouverture de l'histoire (ce qui est un complet renversement des utopies d'autrefois). Or cela, me semble-t-il, est donné dans la révélation judéo-chrétienne.

Il y a le deuxième verset de la Genèse. Souvent, on l'oublie, ce deuxième verset. On passe directement de « Au commencement Dieu créa les cieux et la terre » à « Dieu dit : "Que la lumière soit." » Et l'on oublie ce verset, dont la singularité est soulignée par les commentateurs du Talmud : « Et la terre était vague et déserte, et les ténèbres couvraient l'abîme et le vent de Dieu planait à la surface des eaux. » Il y a là six choses qui ne sont pas la lumière : le vague, le désert, les ténèbres, l'abîme, le vent, les eaux… Dès le départ, Dieu assume l'obscur et l'inconsistant. Dès le commencement, il annonce le rachat de tout ce qui est nul. Alors l'homme est une perfection, sans doute, mais c'est aussi, je ne dis pas un « raté », mais un rateur, un misérable, et c'est à ce moment que peut advenir ce qui est plus fort que toute puissance matérielle, à savoir la miséricorde. Ainsi l'Éternel va chercher sa brebis perdue. Il sait que sa créature est une sorte de clown qui se prend chaque fois les pieds dans le tapis. Mais chaque fois aussi, comme avec le clown, ses échecs sont la possibilité d'une grâce. Et ce mystère judéo-chrétien, à mes yeux, s'accomplit spécialement dans le mystère de l'Incarnation. Rien n'est plus opposé au fondamentalisme théocratique. Car si le Verbe s'est fait chair, alors plus on va vers le spirituel, plus on doit aussi aller vers le charnel, et plus on s'élève vers le divin, plus on descend vers l'humain. Il n'y a pas de concurrence.

Ce mystère de l'Incarnation s'oppose aussi radicalement au technocratique. La transfiguration de l'homme n'est plus dans sa prétendue amélioration physique, mais dans son ouverture poétique. La technique, dans ce qu'elle a de plus profond, n'est pas l'exploitation d'un monde réduit à un stock de matériaux, mais la célébration d'une création révélée comme un univers de formes. Le sommet de la technique n'est pas tant dans les ordinateurs que dans un homme avec un pinceau, ou même sans pinceau, n'ayant que sa voix pour chanter.

La technè, *en grec, c'est l'art.*

Voilà. Cette *technè* est là pour que l'homme assure, d'une certaine façon, toute la création et la porte dans une œuvre qui récapitule le monde, comme une sorte de chef d'orchestre de l'univers physique, pour en faire un chant, pour en faire une offrande. C'est ainsi que j'entends les choses. C'est ainsi qu'on peut les lire dans le Talmud, lorsqu'il y est dit que les deux dons, à l'origine, qui furent faits à Adam, ce sont la royauté et les chants, la royauté dans les chants. Ce qui permet de répondre aussi à l'écologisme : il ne s'agit pas d'affirmer le respect de la nature par le mépris de l'humain, car, sans l'humain, la nature ne se respecterait pas elle-même, sans notre regard pour en recueillir la beauté, elle n'est plus que prolifération labile.

Entrer dans la vérité de la rencontre

Actuellement, il est très difficile d'affirmer ses valeurs. Nous sommes en Occident, dans un monde où affirmer sa religion ou des valeurs religieuses devient extrêmement compliqué. De nombreux philosophes se placent du côté de l'agnosticisme ou de l'athéisme et s'appuient sur la science. Elle nous montre que le monde fonctionne en circularité. Face à cette position, vous proposez un schéma linéaire tout à fait différent avec un début, un milieu, un progrès, une fin et un au-delà. Comment imposer ces idées dans ce monde qui est imprégné, pas seulement de matérialisme, mais d'esprit scientifique ?

Que des gens résistent, c'est merveilleux ! C'est un excellent point de départ. Vais-je déplorer qu'il y ait des matérialistes (c'est-à-dire des idéalistes de la matière), des athées (c'est-à-dire des croyants assez en eux-mêmes pour s'octroyer le pouvoir de mettre le divin ailleurs qu'en Dieu), des agnostiques (c'est-à-dire des gens qui ont la certitude de savoir qu'on ne peut pas savoir) ? Pour tout vous dire, en tant que chrétien, je ne peux que considérer les athées et les agnostiques que comme des envoyés de Dieu. Primo, ce sont des créatures, et c'est la Providence aimante du Créateur qui les met sur mon chemin. Secundo, leur ingratitude contient un inconscient éloge, et même un double éloge : d'une part, ils manifestent que Dieu est assez puissant et généreux pour créer, non des pantins béni-oui-oui, mais des personnes capables de le refuser ; d'autre part, en jugeant que l'Univers peut se passer d'un auteur, ils rendent, sans le savoir, sans le vouloir, un hommage à cet auteur, en sous-entendant qu'il a fait quelque chose de si merveilleux qu'il peut paraître autonome. Tertio, enfin, par leur opposition, par la dureté de meule de leur tête, ils me donnent d'aiguiser ma pensée, d'approfondir ma foi, de m'arracher à une adhésion religieuse de confort : de fait, la persécution n'est pas un obstacle, elle est l'occasion même du témoignage.

Du martyr.

Oui, c'est le nom du témoignage, en grec.

Mais, aujourd'hui, un « martyr », pour beaucoup, c'est soit la victime involontaire, soit le suicidaire au nom de Dieu. Il y a les martyrs de l'autoroute ou de la colique néphrétique, et les martyrs d'al-Qaida. Or ce mot, avant même de désigner celui qui a son sang versé (et non qui verse le sang), désigne d'abord le témoin de la vie. Quand l'islamisme parle de « martyrs » à propos de gens qui font des attentats, c'est un complet contresens. Le vrai martyr témoigne de la vie, quitte à en mourir, quitte à ce que les ennemis de la vie le tuent. Mais lui ne tue pas, et il n'a aucune inclination à la mort.

Pour en revenir aux athées et aux agnostiques, la seule chose que je leur reproche, au fond, comme à tous les fondamentalistes, c'est de ne pas partir assez de l'expérience. Notre monde est si virtualisé, si idéologisé, si mécanisé, que l'on n'y voit même plus ce qui saute aux yeux, à commencer par ce fait indéniable : l'évidence d'exister. Qu'est-ce que ça veut dire, d'être là ? De plus en plus, avec les œillères qu'on nous ajuste si tôt, avec la multiplication des écrans, il faudra croire pour voir. Comme le disait Chesterton : « De plus en plus, nous allons combattre pour les visibles prodiges comme s'ils étaient invisibles. »

Mais vous avez parlé tout à l'heure de « valeurs », en disant qu'il était « très difficile de les affirmer ». Il me semble au contraire très facile, aujourd'hui, d'affirmer des valeurs. Les « valeurs françaises », c'est ce qui est coté en Bourse. La valeur est par définition négociable. Ceci *vaut* tant. Telle chose en vaut une autre. Quand on parle de valeurs, fût-ce de prétendues « valeurs chrétiennes », on collabore déjà au triomphe du marché, de la valeur marchande. On jette ses valeurs contre d'autres valeurs, et l'enjeu devient celui d'une bonne réclame, de la meilleure publicité, de la plus démonstrative des indignations. C'est très intéressant, mais dans le *Credo*, il n'y a aucune valeur. On n'y dit pas : « Je crois à l'amour, au respect, à la tolérance. » On ne croit pas d'abord en *quelque chose,* mais en *quelqu'un.* Ainsi le *Credo* concerne des personnes (divines), et leur action concrète. Il y va principalement du mystère de la Trinité et de celui de l'Incarnation, bien sûr. Mais justement, ces mystères nous disent que Dieu est pluriel.

Le mystère de la Trinité nous révèle qu'il y a trois personnes en un seul Dieu, et que dès lors, ce qui est divin, c'est la rencontre des personnes. Je ne viens pas avec une idéologie, avec des valeurs que je voudrais imposer. Je suis là pour accueillir nos visages. C'est là que tout se joue. Et l'Incarnation rappelle que cette rencontre se fait avec tout ce que nous sommes. Je l'ai déjà dit : nous n'allons pas vers Dieu en nous détachant de notre vie corporelle, de notre réalité sexuelle, mais en l'assumant et en étant toujours plus charnel. Le mystère de l'Incarnation est que l'homme ne devient pas spirituel en se détachant du donné de son corps, mais en l'accueillant dans sa source profonde. Ces deux mystères ne sont donc pas pour imposer des valeurs. Mais au contraire pour assumer pleinement le concret de notre existence et nous faire entrer dans la vérité de la rencontre.

Cette rencontre, le visage de l'autre, les « petites bontés » dont parle Emmanuel Levinas à travers le roman Vie et Destin *de Vassili Grossman, sont-ils au cœur du christianisme ?*

Je dirais paradoxalement qu'Emmanuel Levinas, qui est un philosophe juif, a beaucoup fait pour la théologie catholique. C'est d'ailleurs le grand philosophe catholique Jean-Luc Marion qui prend soin de l'édition de ses *Œuvres complètes*. Cette primauté des visages sur les idées, des événements sur le système, d'autrui sur la totalité, le mystère trinitaire le porte jusqu'en Dieu. Dieu n'est pas une sorte de monolithe qui fait bloc et il n'est pas non plus une sorte d'océan anonyme dans lequel se résorberaient les individualités. Le Christ dit à Ponce Pilate : « Je viens pour rendre témoignage à la vérité. » Et Pilate lui demande : « Qu'est-ce que la vérité ? » Et le Christ ne répond pas. Il se livre. C'est à ce moment-là qu'a lieu la flagellation. Alors Pilate présente ce corps sanguinolent à la foule et déclare : « Voici l'homme. » Voici donc la Vérité. Non pas une thèse, mais cet homme dépouillé, déchiré.

Le christianisme ne saurait être d'abord dans un corps de doctrine, mais dans le corps du Messie crucifié, mort et ressuscité, puisque sa doctrine, c'est que la vérité est une personne, et se déploie dans la vraie rencontre, dans l'hospitalité des personnes, cette « meilleure part » que Marie a choisie (je précise, cependant, contre une interprétation niaise et irénique de cette tâche, que l'hospitalité consiste à accueillir l'autre dans son altérité, dans son incompréhensibilité, dans sa misère comme dans son salut, et conduit donc, à travers ses ménagements, à un face-à-face assez abrupt – face-à-face qui, s'il ne va pas jusqu'à la communion, peut aller jusqu'au meurtre de l'hôte : ainsi le Christ n'a pas manqué d'accueillir dans la vérité, mais on l'a mis à mort). D'une certaine façon, si l'on entend bien le mystère chrétien, il n'apporte aucune idée neuve au monde, mais une mise en évidence, un salut et une intensification de chaque présence, je veux dire que, par la présence de Dieu créateur et sauveur, il exige et renouvelle notre présence aux autres, à nous-mêmes, et aux choses.

La foi des démons

Vous aimez beaucoup, Fabrice Hadjadj, les paradoxes. Vous vous attaquez à des notions qui sont, pour des croyants, compréhensibles mais, pour des non-croyants, scandaleuses : la foi, le démon, l'Enfer, le Paradis. Dans votre livre La Foi des démons ou l'athéisme dépassé, *vous nous dites que les démons sont des ascètes, plus intellectuels, plus spiritualistes, plus intelligents. Et qu'ils ont la foi. C'est le propre de Satan de pousser plutôt au crime de l'esprit qu'au crime de la chair. Vous allez même plus loin en affirmant que le corps est un rempart contre ce fameux crime de l'esprit qui mène au totalitarisme et aux pires exactions. Pouvez-vous nous expliquer votre démarche et comment elle nous éclaire sur l'Incarnation ?*

La plupart de mes livres portent sur des excès. J'ai écrit un livre sur la mort, un autre sur le sexe, un autre sur le Démoniaque, un autre encore sur le Paradis. On peut m'accuser d'aborder des notions théologiques périmées. Le Diable, c'est bon pour des films fantastiques afin que les adolescents apprivoisent leur peur. Parler du Paradis, c'est mettre en place un imaginaire un peu mièvre, certainement désuet, etc. Rien n'est moins vrai. Par exemple, dès que vous commencez à exclure le Démoniaque, quand vous êtes livré au mystère du mal, vous aurez tendance à le réintroduire, mais sous une forme malsaine. Vous commencerez à diaboliser certaines personnes. De la même façon, si vous chassez le Paradis, il revient au galop. Prenez l'exemple de toutes les publicités mensongères vous présentant un paradis artificiel, ou de ces utopies politiques qui firent dire à Claudel : « Dès que l'homme essaie d'établir un paradis sur la terre, ça fait tout de suite un enfer très convenable. » Avec *La Foi des démons,* la question était d'approcher le mal radical. Qui est l'ennemi ? Pour certains catholiques, l'ennemi, c'est l'athée, le libertin, le luxurieux. Or, que découvre-t-on, d'après les Évangiles ? Que le Malin est vraiment un malin. Il est spirituel, intelligent, et pas athée pour un sou. Quand le Christ arrive, au début de l'Évangile selon saint Marc, dans la synagogue de Capharnaüm, le premier à le reconnaître, c'est un démon. Ce démon sait, il est au courant de tous les articles de la foi, il ne doute pas de leur vérité théorique. Et, dans la mesure où c'est un pur esprit (un pur esprit impur), il n'est absolument pas libertin au sens charnel du terme. Par conséquent, le mal par excellence se trouve plutôt chez quelqu'un qui sait que Dieu existe, qui sait que Jésus est le Messie et qui est éminemment spirituel dans sa nature. C'est assez inquiétant pour nous, avouons-le, quand nous voulons jouer au spirituel et voulons affirmer notre foi avec orgueil et mépris.

L'Épître de saint Jacques le rappelle : « Tu as la foi, à la bonne heure ! Les démons aussi croient, et ils tremblent. » La ligne de partage essentielle n'est donc pas entre croyants et non-croyants, mais elle est plus profonde et passe à travers nos cœurs. La question que l'on doit se poser est : « Est-ce que je vis dans la charité ou pas ? » La charité, c'est cette ouverture aux visages plus qu'aux idées, dans la lumière de celui qui veut le salut de chacun.

Vous nous parlez du démon. Pouvez-vous nous parler des trois tentations de Jésus au désert ? Le Grand Inquisiteur qui parle au Christ dans Les Frères Karamazov *de Dostoïevski dit que personne n'aurait pu inventer trois questions reflétant autant le drame de l'homme sur Terre. Comment ces trois questions nous éclairent-elles sur la nature du mal ?*

Au terme de ces tentations, dans l'Évangile selon saint Luc, alors que le démon se retire, un verset précise : « Il avait épuisé toutes les tentations. » Il faut donc lire ce texte en pensant que toutes les tentations possibles y sont. Elles se résument à trois. Tout d'abord la tentation du pain : « Change ces pierres en pain. » Et le Christ répond : « L'homme ne se nourrit pas que de pain mais de toute parole qui sort de la bouche de Dieu. » Cette primauté de la parole sur l'aliment est celle de ce qui nous ouvre sur ce qu'on assimile. Elle s'affirme aussi contre une tentation majeure : réduire l'homme à sa pure matérialité, tentation que l'on trouverait dans certains milieux chrétiens, celle de l'humanitarisme, croire que l'on va vers le pauvre pour le nourrir de pain et en faire un bon consommateur comme nous. Alors que l'important, au contraire, est de se faire pauvre avec lui, d'entrer en conversation avec lui, au sens le plus fort de ce terme. C'est dans ce don de paroles que nous sommes humains. L'humanitarisme et la philanthropie sont un péché si l'on prétend se débarrasser de l'autre et de ses plaintes en lui donnant un bien matériel, alors que l'enjeu est d'être ensemble, l'un contre l'autre.

Vient ensuite la deuxième tentation, celle de la paix ou du quiétisme pur : « Si tu es Fils de Dieu, jette-toi en bas [du haut du temple], car il est écrit, Il donnera des ordres à ses anges et ils te porteront sur leurs mains. » Et le Christ cite encore le Deutéronome : « Tu ne tenteras pas le Seigneur ton Dieu. » Mais, entre-temps, on s'est aperçu que le Diable connaît la Bible par cœur.

Le démon est un bibliste.

Le meilleur bibliste, pourvu que tout reste livresque. Vous voyez, il ne suffit pas de savoir très bien réciter la Bible pour échapper à la deuxième tentation, il ne suffit même pas de s'abandonner à Dieu, puisque c'est cela qui est en cause. Autant la première tentation était matérialiste, autant la deuxième est spiritualiste. La foi, ce n'est pas fabriquer des réserves de pain, soit ! C'est croire en la providence du Très-Haut… Donc jette-toi du pinacle du temple. Après le pain contre la parole, c'est la parole contre le pain. Il s'agit de méconnaître les réalités les plus physiques : la loi de la pesanteur. Et Jésus répond : « Tu ne tenteras pas le Seigneur », c'est-à-dire, tu ne méconnaîtras pas l'ordre de la réalité dont Dieu est l'auteur. Car la loi de la pesanteur est aussi une loi divine (et l'autruche, l'oursin, l'ornithorynque sont aussi des créatures de l'Éternel). Reconnais donc, contre un démoniaque spiritualisme, que ta chair est aussi l'œuvre de l'Esprit.

La première tentation est la chair sans l'esprit, la deuxième, l'esprit sans la chair, quelle est la troisième ?

La troisième tentation serait une sorte de chair diminuée dans un esprit diminué. Le démon propose au Christ tous les royaumes de la Terre à une seule condition : qu'il se prosterne devant lui et l'adore. Quelle occasion d'apostolat pour le Christ ! S'il possède tous les royaumes de la Terre, tout le monde va devenir chrétien ! Mais de quelle manière ? À quel prix ? Par le génie de l'esprit impur, c'est-à-dire par la propagande, la violence, la séduction. Le Christ renonce à cette conquête et par là même à la logistique de l'embrigadement et de la propagande. Pourquoi ? Parce que dès que l'on est dans la propagande, on sort du mystère de la rencontre.

Le bonheur humain peut coïncider avec une certaine souffrance

Autre paradoxe : vous avez abordé l'idée du Paradis, qui est pour beaucoup un concept totalement édulcoré. Cependant, le mot « paradis » subsiste dans la vie courante, on le voit partout. Le paradis latin, le paradis fiscal, être au septième ciel… C'est un mot dont on veut se débarrasser mais qui revient partout. Pour vous, le paradoxe, c'est Victor Hugo parlant de Dante : « On était bien dans l'enfer, plus on monte, moins on se sent bien. » Selon vous, on peut préférer l'enfer, la fureur, le bruit. Pouvez-vous nous expliquer pourquoi l'Enfer est une tentation qui nous satisferait plus que le Paradis, qui lui représente quelque chose de béant ?

Cela nous ramène à la question du bonheur. La poursuite du bonheur, c'est gentil, c'est exaltant, c'est dans la Constitution américaine. En réalité, le bonheur est une chose effrayante. Si l'on s'interroge sur la nature du bonheur, on voit que c'est une exigence. Mais aujourd'hui, on confond bonheur avec bien-être. Je peux me sentir bien et enfler, voilà : je suis un porc, je me gave, dans l'aveuglement de l'abattoir. Ainsi le bien-être ne suffit pas. Et le bonheur est tout autre chose que le bien-être. Quand on veut le bien de l'homme, on ne cherche pas simplement un état subjectif, mais une perfection objective. Il faut donc se demander ce que c'est qu'être humain. Est-ce avoir une vie au niveau de la mangeoire ? Oui, si c'est la mangeoire où est couché l'enfant-Dieu. Alors c'est vivre dans la vérité et l'amour. Et c'est donc une exigence, une exigence qui équivaut à la destruction de mon orgueil, et à l'entrée dans un combat pour la justesse et la justice. Cela a de quoi faire peur. Le vrai bonheur est dans cette béance. Il est dans la destruction de tout contentement. Voilà ce que j'essaie de montrer en évoquant le Paradis et la peur qu'il suscite chez l'orgueilleux, au point qu'il peut préférer l'enfermement de l'enfer, plutôt que cette béance à la lumière. On peut en déduire que le vrai bonheur, c'est d'abord de souffrir dans la vérité et dans la justice. Ici-bas, le bonheur humain coïncide avec une certaine souffrance. Alors que le seul bien-être passe complètement à côté du bonheur. On peut donc avoir peur et refuser d'être livré à quelque chose qui nous exige et nous dépasse. Cette possibilité est manifestée par la théologie. Un être qui sait très bien ce dont il s'agit peut refuser le Paradis. C'est ce que nous apprend la chute des anges.

De Lucifer, qui porte la lumière.

Il y a des êtres supérieurement intelligents qui ont été créés dans la grâce avec la foi, l'espérance et la charité, qui ne commettent pas d'erreurs intellectuelles sur la foi, qui ont une conscience très éclairée de ce que peut être le Ciel, l'union avec Dieu, et qui disent « non ». Ils refusent la béatitude ! Pourquoi peut-on dire non à la béatitude ? Pourquoi cette inquiétante possibilité ? Parce que la vraie joie brise notre contentement.

Pourriez-vous nous parler de la joie ? Que veut dire la vraie joie ?

Pourquoi brise-t-elle notre contentement ? Tout d'abord, je ne peux pas me donner la joie à moi-même. Se faire plaisir, l'onanisme, ce n'est pas la joie. C'est un plaisir laborieux, étriqué, étouffant, qui sent sa sueur et sa misère. La joie vient toujours dans une rencontre, dans une ouverture à l'autre comme événement. Il y a toujours en elle quelque chose de l'ordre de la surprise. Or, pour être surpris, il ne faut pas le prendre de haut, puisqu'on est surpris quand on reconnaît quelque chose qui nous prend d'en haut. Un homme était un sage, il a cru faire son bonheur dans un système philosophique bien organisé. Tout d'un coup, il croise une jeune femme et son cœur est déchiré par cette vision de beauté. Cette brisure du système, c'est la joie qui passe. De plus, quand la joie arrive, je ne peux pas la garder pour moi seul. Non seulement elle vient de l'autre, mais elle veut aller vers un autre encore. Supposons que je veuille la conserver pour moi au mépris de ceux qui souffrent ou qui la méconnaissent, que se passerait-il ? C'est comme si le fleuve arrivait dans un bidon, je le ferme, et cela devient une eau stagnante. Au lieu d'être spacieuse et hospitalière, cette prétendue joie devient exclusive et étroite, *angusta,* ce qui signifie l'angoisse.

Ainsi, avec la joie, je suis doublement débordé. Son émotion est mission. Je reçois pour donner. C'est même en donnant que je reçois. Je pense à un très beau poème d'Henri Michaux, un de mes maîtres, qui parle d'une existence fluviale où l'on ne cesse de se recevoir en donnant. La joie a toujours cette dimension fluviale. Et filiale. Le fluvial et le filial se rejoignent. Dans le chapitre 66 d'Isaïe, il est dit : « Je dirigerai vers Jérusalem la paix comme un fleuve. » C'est une belle et forte image, « la paix comme un fleuve », qui n'a rien de gentillet ni de « sympa ». On n'est pas dans un contentement, on n'est plus un contenant fermé. Nous voici dans cette béance généreuse. Le simple fait de parler le suggère. Quand je parle seul (il y a cette nécessaire et périlleuse solitude de l'écrivain), je suis dans l'écoute et l'adresse. La parole que je chéris, que je recueille en écrivant, c'est une parole que j'ai reçue, qui ne cesse de faire résonner d'autres voix pour faire retentir d'autres appels. Le moment du recueillement dans la solitude est aussi le moment de recueillir ce que l'on a reçu pour pouvoir le donner à l'autre d'une manière nouvelle – singulière.

La vérité se trouve au lieu des plus hautes tensions

Quand vous parlez de Paradis, vous retracez deux mille ans d'histoire. Vous opposez Paradis terrestre et Paradis céleste. Vous dites que cela a été l'objet de trois confusions majeures dans l'histoire, de trois séparations majeures. Pouvez-vous nous expliquer pourquoi le Paradis n'est pas une affaire privée, mais une affaire politique et historique ?

Si j'ai choisi de réfléchir à la notion de Paradis et pas simplement à celles de bonheur et de joie, c'est à cause de l'ambivalence du terme. Dans le récit biblique, il y a deux Paradis. Il y a l'Éden, le Paradis terrestre, qui se trouve au début, et il y a Sion, le Paradis céleste, qui se trouve à la fin. À la différence des religions traditionnelles, il ne s'agit pas d'une restauration, d'un recommencement. On va du Paradis au Paradis, mais pas comme dans un cycle. Le Paradis terrestre est irrémédiablement perdu, il est gardé par un ange à l'épée de feu, et vouloir y retourner, c'est l'enfer. Avec le mystère de ces deux Paradis, d'une certaine façon, est décochée la flèche de l'histoire. La notion d'histoire est une notion judéo-chrétienne. Les peuples païens sont dans une conception cyclique du temps, fondée sur le retour des saisons. Ils n'ont pas de concept d'histoire, de cette histoire linéaire, avec un commencement et une fin, et des événements qui divisent irréversiblement le temps en un avant et un après. Quand Julien l'Apostat s'oppose aux chrétiens, il leur reproche de ne pas voir la splendeur du cosmos, d'un cosmos qui n'a jamais commencé et ne finira jamais. Il leur reproche cette flèche enflammée qui souligne la contingence et la finitude du monde. C'est donc à partir de cette révélation qui décoche le temps entre un paradis irrémédiablement perdu et un paradis miséricordieusement offert que l'histoire, aussi bien politique qu'économique, va se déployer et s'accélérer, spécialement en Occident. La plupart des mouvements politiques, surtout les plus athées, les plus progressistes, vont récupérer et essayer de se débrouiller avec cette notion de paradis.

Prenez Marx, par exemple. On voit bien que sa philosophie est une sorte d'eschatologie sécularisée. Elle prétend se faire la confidente de la Providence et détenir les lois dialectiques qui vont produire le paradis social. Inversement, le capitalisme, et notamment son stade suprême, qui, selon Guy Debord, est atteint dans le spectacle, prétend constituer un paradis de la marchandise, ultimement un cyberespace où, dépouillé de sa chair qui s'épaissit en mangeant du McDonald's, on ressuscite en de nombreux avatars. On n'oublie le vrai Paradis que pour foncer sur une parodie.

Vouloir à tout prix mettre le paradis sur Terre pour le bien de l'humanité a mené, vous l'avez rappelé, aux pires totalitarismes. Saint-Just avec son culte de la vertu en politique, Marx avec son égalité sociale, Hitler qui au nom de la virilité aryenne a perpétré la pire des barbaries.

Il ne faut pas oublier que l'hitlérisme est l'idée de constituer une sorte de paradis esthétique, de faire de l'Allemagne une grande scène wagnérienne. Le soldat nazi était habillé par Hugo Boss.

Donc imposer le paradis sur Terre, prétendument pour le bien de l'homme, mène à la catastrophe et au désastre.

On en revient à la question du mal : les erreurs ne viennent jamais seules, mais toujours par couples, voire par triades de contraires, comme dans la tentation au désert. Et le grand danger, quand on dénonce une erreur, c'est qu'on risque toujours de tomber dans l'erreur contraire. Prenons un exemple particulièrement difficile pour les catholiques : la guerre d'Espagne. Bernanos essaya d'adopter la juste position entre deux erreurs contraires et, pour cela, il a été rejeté par tout un monde catholique qui prenait parti pour le franquisme. Certes certains républicains espagnols perpétraient des exactions atroces, notamment contre les prêtres et les religieux, mais fallait-il, par réaction, se ranger derrière Franco et épouser le fascisme ? C'était aller de Charybde en Scylla, éviter une horreur pour tomber dans une autre. Alors que choisir ? Ne pas s'engager, être pacifiste ? Mais le pacifiste est complice de tous les crimes s'il les regarde d'un côté et de l'autre en se croisant les bras. Vous comprenez : quand on dénonce une erreur, on glisse toujours vers l'erreur contraire, et c'est toute une acrobatie pour ne pas y tomber tout à fait.

Là est la grande difficulté : savoir que la vérité se trouve toujours au lieu des plus hautes tensions, où il faut « funambuler » entre les précipices, et tenir ensemble des choses qui ont l'air de s'opposer. Et si l'on commence à lâcher, on verse, soit d'un côté, soit de l'autre.

On pourrait revenir à la philosophie grecque, à la sophrosunè. *C'est un très beau terme qui signifie la juste mesure. Où se situe-t-elle ?*

C'est une question majeure en morale, selon Aristote. Autrefois, on parlait d'*aurea mediocritas,* c'est-à-dire la « médiocrité dorée », mais qui signifiait, pour Horace, que le juste milieu est le lieu de l'or, ce qu'il y a de plus précieux. Mais ce juste milieu n'a rien à voir avec le centrisme, qui est sa pâle et lâche caricature. Le centrisme ménage la chèvre et le chou, ou bien se livre à une double critique. Il évite l'extrémisme mais perd la radicalité. Le juste milieu est au contraire dans un engagement radical pour le bien. D'une certaine façon, la vraie morale est du côté de l'excès, puisqu'elle donne les règles du jeu qui mènent à la béatitude et donc vers la béance, vers l'exigence du témoignage dans la vérité. Il y a quelque chose d'excessif dans la vraie morale, celle qui se moque de la morale, comme dit Pascal. Et, en même temps, cet excès s'atteint par le juste milieu, comme le lyrisme s'atteint par la grammaire, et la symphonie par la connaissance des règles de l'harmonie. On peut aussi prendre cette comparaison avec le funambule. On doit tenir sur une crête extrêmement aiguë où l'on risque toujours de basculer d'un côté ou de l'autre.

Nietzsche a une dimension profondément eucharistique

C'est le funambule de Nietzsche dans Ainsi parlait Zarathoustra. *C'est cela le juste milieu, savoir prendre des risques. Quand Nietzsche dit « Dieu est mort », en fait, il réouvre la question de Dieu et se confronte à la béance. Il prend un risque majeur.*

J'ai été très marqué par Nietzsche, et je pourrais dire que, sous un certain rapport, je suis resté nietzschéen. Quand Nietzche parle de la mort de Dieu, il parle d'un fait. Ce n'est pas une affirmation philosophique, c'est un constat. Nous sommes arrivés à la fin du spiritualisme. Nous avons à penser la « grande raison du corps ». Au reste, de quel « Dieu » parle-t-il, quand il déclare cette mort ? D'un « Dieu » dont la notion se constituerait dans le ressentiment, comme si se tourner vers le Créateur pouvait entraîner le mépris de la créature.

Il faut toujours comprendre que Nietzsche se bat contre le nihilisme. Or, selon lui, l'idée de Dieu, l'idée de Paradis, l'idée même d'un être au-delà du paraître, sont des idées nihilistes parce qu'on lâche la proie pour l'ombre, qu'on se fabrique un arrière-monde afin de pouvoir salir et calomnier ce monde-ci. Contre cette fuite, Nietzsche veut que l'on dise oui au monde tel qu'il est, avec ce qu'il a d'effrayant. C'est la dimension profondément eucharistique de sa pensée. Elle dénonce notre ingratitude. Elle exige une sorte d'action de grâces pour tout ce qui arrive, même le pire, même si cela devait revenir éternellement.

« *Hic et nunc* », « vivre le présent ».

L'éternel retour chez Nietzsche n'est pas une affirmation doctrinale mais un principe moral : même si la situation dans laquelle nous sommes se reproduisait à l'infini, nous devrions encore lui dire « oui ». Ce « oui », cet « amen » qu'il faudrait dire à ce qui est, a quelque chose de chrétien. Nietzsche ne s'en rend peut-être pas compte, mais son *Antéchrist* vient démolir tout un pseudo-christianisme puritain, spiritualiste, et permet de retrouver l'essence même du christianisme. C'est une lecture que l'on trouve dans *L'Idole et la distance,* de Jean-Luc Marion, un livre qui a beaucoup compté pour moi. Une lecture qui se rencontre aussi chez Philippe Sollers… Alors, oui, le *hic et nunc,* le *carpe diem,* mais attention à la tarte à la crème. Que réclamons-nous quand nous réclamons de vivre le présent ? Souvent les gens disent : « J'aime bien le christianisme, l'Évangile, mais je ne crois pas en l'au-delà parce que, ce qu'il faut, c'est l'ici et maintenant. » Or exiger l'ici et maintenant, c'est exiger l'au-delà, le seul au-delà légitime. Car, à vrai dire, nous ne sommes jamais tout à fait ici, et jamais encore tout à fait maintenant, dans le pur présent. Nous sommes toujours ailleurs. Ce que j'ai été est passé, ce que j'ai à être n'est pas encore, je ne suis donc jamais entièrement présent. Les absolus ici et maintenant ne nous sont pas directement donnés, nous les cherchons, ils sont à venir. Et si vous lisez saint Augustin, vous découvrez que l'absolument présent correspond à l'éternité, et l'absolument ici correspond à l'immensité : deux attributs divins. C'est un fait que nous ne sommes pas présents absolument les uns aux autres, que la présence est un horizon, celui de la parousie (ce qui veut dire « présence » en grec). À quel moment serons-nous dans le cœur-à-cœur et le face-à-face ? Même un homme avec sa femme peut s'interroger sur la question de cette présence que l'on désire, mais qui chaque fois nous échappe, jusque dans l'étreinte même. Il faut donc comprendre que quand on revendique l'« ici et maintenant », on en appelle au véritable au-delà. C'est-à-dire à l'entrée dans une transcendance où nous serons dans une présence radicale et profonde.

Nous ne sommes pas encore présents pleinement, et donc c'est pour cela que l'on peut vivre les choses comme absence. Est-ce que Dieu est absent ou est-ce nous qui le sommes ? On peut parler de l'absence de Dieu, mais il faut savoir qui est absent en premier. Laissez-moi vous relire un passage des *Récits hassidiques* de Martin Buber : « Yehiel, le petit-fils de Rabbi Baroukh, jouait un jour à cache-cache avec un autre petit garçon. Il se trouva une fameuse cachette, s'y fourra et attendit que son camarade vînt l'y découvrir. Mais ayant longuement attendu, il finit par s'en extraire et ne vit nulle part son petit camarade. Il s'aperçut alors que l'autre ne l'avait nullement cherché et ce furent des larmes et des larmes. L'enfant courut, toujours sanglotant, vers son grand-père pour se plaindre à grands cris du mauvais camarade, de ce méchant garçon qui n'avait pas voulu le chercher quand il était si bien caché ! Et c'est à grand-peine que le Tsaddik parvint lui-même à retenir ses larmes : – C'est exactement aussi ce que dit Dieu, dit-il, "Je me cache, et personne ne veut me chercher." » Dans cette histoire, Dieu ne se cache pas comme un cachotier, son secret est en vérité un don, parce qu'il empêche la fascination servile, parce qu'il délivre l'espace du désir et du témoignage : nous avons à le découvrir à travers ses créatures et à devenir témoins de sa présence.

L'Incarnation, c'est la concrétisation de cette alliance ?

L'Incarnation est nuptiale. Quand saint Jean dit : « Et le Verbe s'est fait chair », il n'oublie par le verset du deuxième chapitre de la Genèse, celui qui dit : « L'homme quitte son père et sa mère et s'attache à sa femme, et ils font une seule chair. » Le mystère chrétien, le mystère juif par excellence, est un mystère nuptial.

Ne pensez-vous pas qu'il était plus facile d'être philosophe dans l'Antiquité où la question qui se posait était la place de l'homme dans le cosmos ? Notre vie devait s'assimiler à l'harmonie de ce cosmos que l'on voyait comme une parfaite géométrie dans le ciel. Certains disent que c'est Descartes, avec son « je pense donc je suis », qui a introduit la subjectivité dans la philosophie moderne. La question, aujourd'hui, a totalement changé, c'est-à-dire qu'elle n'est plus : « Quelle est ma place par rapport au cosmos ? », mais : « Qu'est-ce que je fais dans cette galère ? » Nous sommes comme des détectives obligés d'aller chercher des réponses auprès des ethnologues, des anthropologues, des spécialistes des sciences humaines. Pour Heidegger, l'homme réside dans la clairière de l'être et il doit se poser la question de sa place. Qu'en pensez-vous ?

On a souvent dit qu'avec les temps modernes on avait changé de point de départ : ce n'était plus la nature (la *physis*) mais le moi (le *cogito*). Descartes aurait instauré une sorte de subjectivisme alors qu'auparavant on aurait été tourné vers les choses extérieures et vers l'objectivité. Mais on peut également dire que l'époque moderne, même avec Descartes et son mécanicisme, est une époque d'hyperobjectivisme, où l'on essaie de tout ramener à des lois quantitatives en ignorant complètement le cœur de l'homme et son aspiration au bonheur, son effroi devant la mort. C'est là un étrange paradoxe de nos jours : le subjectivisme le plus sentimental va de pair avec l'objectivisme le plus froid. Une fois de plus, les erreurs se promènent en couple.

Il y a chez Descartes cette idée décisive – que l'on trouverait déjà dans le *Protagoras* de Platon : il faut des sciences utiles à la vie, l'homme doit se rendre comme maître et possesseur de la nature, en connaître les forces afin de les employer comme ouvrières. Le but de la science n'est plus tant de remonter de cause en cause pour arriver à une cause première, c'est-à-dire d'aller de la physique à la métaphysique, de contempler le réel pour essayer de saisir son principe, sans doute parce que, pour Descartes, en dernier lieu, ce principe est donné en dehors de la science, dans la Révélation. Désormais la science se demande comment les choses *fonctionnent,* quelles sont les lois de la matière, quelles sont les énergies de la nature, afin de pouvoir les capter

– pour l'homme, bien sûr. Aujourd'hui, la plupart du temps, la question que les gens posent, c'est : « À quoi ça sert ? » Mais on élimine la question du pourquoi pur et simple : « Pourquoi est-ce que j'existe ? », « Pourquoi est-ce que j'ai ce cœur douloureux, déchiré, qui aspire à une joie qui chaque fois semble lui échapper ? » On veut servir les individus, mais on ne se demande même pas ce que c'est qu'être humain. Il y a même une folie de cette rationalité instrumentale : elle multiplie les procédés, les « comment faire ? », mais la question du « Pour quoi faire ? » n'advient quasiment jamais. Ainsi les gens n'ont plus accès à leur propre expérience. Le discours ne porte jamais sur ce que nous vivons intimement, sur ce que don Giussani appelle les « exigences du cœur ».

Le mot « laïc » vient de la théologie

N'est-ce pas le danger de la laïcité, d'une laïcité érigée comme une religion, d'évacuer nos aspirations les plus profondes ?

Le mot « laïc » est un *signe ostensible* dans notre langue. Le laïcisme, qui voudrait éliminer tous les signes ostensibles, devrait commencer par supprimer le mot « laïc ». Car ce mot vient de la théologie catholique, hélas ! comme beaucoup d'autres (« personne », par exemple). Donc, quand vous dites « laïc », vous faites, que vous le vouliez ou non, référence à la distinction du spirituel et du temporel, à la distinction des clercs et des laïcs, telle qu'elle a été établie dans la chrétienté. Pour ma part, je suis résolument laïc, ma démarche est une démarche de laïc ; même quand j'approche la théologie, je l'approche toujours à partir de l'expérience du quotidien plutôt que du révélé théologique. Je suis donc résolument laïc et on ne peut être vraiment laïc que par distinction, et donc par relation, au clérical. Si je commence à affirmer la laïcité comme un absolu, je tombe dans le laïcisme, je cléricalise la laïcité. C'est ce qui se passe aujourd'hui : la laïcité se constitue comme un clergé, avec ses chapelles, ses prêtres, ses excommunications, son catéchisme sans mystère. Elle n'a plus rien de laïc. Elle est une cléricature qui feint de s'ignorer comme telle, et, au nom de la lutte contre le « fanatisme » et l'« extrémisme », se rend impunément fanatique et aveugle.

Je suis contre toute forme de théocratie, à commencer par cette théocratie démocratique, qui se fonde sur l'idée d'une souveraineté populaire, la *vox populi* coïncidant avec la *vox Dei,* le suffrage majoritaire ayant automatiquement, magiquement raison (comme en 1933, sans doute, avec l'accession de Hitler au pouvoir). Je pense en conséquence que le pouvoir politique doit reconnaître sa limite et admettre que tout homme aspire à quelque chose que ce pouvoir ne peut pas donner, sans quoi il tomberait dans le totalitarisme. Le pouvoir politique doit donc ménager un espace pour ce qui lui échappe, où les personnes peuvent se poser la question du sens, et donc entrer dans une recherche essentielle, religieuse.

À force d'avoir un discours laïciste, l'Éducation nationale est devenue l'auxiliaire d'une islamisation de la France. Les jeunes voient bien que la consommation n'est pas le tout de la vie, et ils savent bien que le « pacte républicain » est une vieillerie qui ne répond pas aux questions radicales de notre temps, notamment celle de savoir, comme dirait mon ami Rémi Brague, quelle est la légitimité de l'humain. Le moralisme laïque de Vincent Peillon, en ne s'intéressant absolument pas à ce désir de transcendance qui travaille leur cœur, va servir de formidable repoussoir pour les jeter vers des propositions religieuses fortes, enflammées, incendiaires même. Là encore, une erreur va se mettre au service de l'erreur contraire, par réaction.

L'Éducation nationale a complètement récusé la pensée que le savoir est d'abord ordonné à la sagesse. Il n'est plus que le vecteur d'une utilité sans fin. On pourrait dire que l'absence de fin justifie les moyens et leur prolifération vaine (la pédagogie, la didactique, l'informatique, sans que l'on se demande ce qu'il est vraiment essentiel de transmettre).

En France, quand un homme politique parle de Dieu, c'est un scandale. Aux États-Unis, quand un homme politique ne parle pas de Dieu, c'est un scandale. Il faudrait trouver une juste mesure, entre le Dieu de la religion civile américaine et l'athéisme de principe de la république française. Je ne suis pas en train de dire qu'il faut que les gens arrivent avec leur petit paquet de « valeurs chrétiennes » en politique. Je dis simplement que la politique n'est pas une spécialité, et que l'homme politique, par conséquent, doit se présenter en tant qu'homme, avec toute son humanité, avec toutes les questions que se pose un homme, avec même des inflexions tragiques dans sa voix, un cri vers le silence du ciel, peut-être, c'est cela que nous attendons. Mais on se débine en nous racontant qu'il y a une éthique de conviction et une éthique de responsabilité, et que, quand j'entre dans la responsabilité politique, je dois laisser mes convictions de côté. Autrement dit, à partir de cette opposition de deux éthiques, le politique doit nécessairement être un hypocrite, et moins encore : un être unidimensionnel, sans profondeur, un gestionnaire, un technocrate. Il suffit de le voir sur un plateau de télé, comme il ne cesse de pratiquer l'autocensure, comme il s'efforce de jouer un personnage utilisant un petit lexique où il n'est jamais question de la mort, de l'angoisse, du péché, du tragique de la destinée humaine, où tout se réduit à de petits problèmes fonctionnels, où le Produit intérieur brut lui permet d'ignorer toute autre forme d'intériorité.

La politique a une certaine autonomie, certes, comme l'économie avec laquelle elle se confond de plus en plus, mais l'une et l'autre ne sont humaines que lorsqu'elles dépassent la simple organisation de la bétaillère. Aujourd'hui, on ne cesse de nous parler de la croissance. Mais qu'est-ce qui nous prouve que la croissance matérielle est essentielle ? On peut très bien se pendre dans le tout confort. Peut-être que résoudre la crise serait comprendre que tout ne se joue pas de ce côté-là.

Le courage, ce n'est pas d'être sans peur

Jusqu'où peut-on aller pour exprimer sa liberté de conscience ? Pour exprimer ses convictions, religieuses ou pas d'ailleurs ? Pour vous, qu'est-ce que le courage ?

Le courage ne consiste pas à être sans peur, impavide, ou « intimide », comme on dit en latin. Il consiste étymologiquement à « avoir du cœur », et donc à traverser la peur, à affronter le danger lorsque le bien le commande. Les plus grands courageux sont aussi les plus grands peureux : ils supportent la plus grande peur, la surmontent pour la vérité. Mais cette vérité se joue dans le cœur, c'est-à-dire dans la pulsation de l'essentiel. La condition du vrai courage est donc de ne rien mutiler de son être, mais de partir de ce qui fait le cœur de l'homme.

Dans votre livre Réussir sa mort, *vous mentionnez un sondage selon lequel 90 % des gens interrogés estiment avoir réussi leur vie. Que veut dire réussir sa vie ? Est-ce un mode d'emploi ? Et réussir sa mort, est-ce penser à l'au-delà ? Pouvez-vous nous expliquer cette expression « réussir sa mort » ? Et vous-même, avez-vous peur de la mort ?*

On parle beaucoup de « réussir sa vie ». C'est pour cette raison que, par antiphrase et par ironie, j'ai écrit un livre qui s'appelle *Réussir sa mort.* Pour me moquer de cette logique de la réussite. La question est de savoir si la vie se mesure à travers la notion de réussite, c'est-à-dire comme une atteinte d'objectifs à partir d'un projet ou d'une échelle prédéfinie de valeurs. Or je constate qu'il y a quelque chose qui est propre à l'homme : c'est d'être dérouté, d'avoir ses projets que les événements bouleversent et transforment, enfin d'assumer le ratage. C'est à partir du ratage que l'on entre dans la grâce. Cela ne veut pas dire que l'on doit vouloir rater, je ne propose pas du tout un laxisme ou un quiétisme : on rate vraiment parce qu'on a essayé. Mais, quand on est dérouté, quand on accepte d'être déconcerté, c'est le signe que l'on est vivant et ouvert, et non pas programmé comme une machine, ou limité à un instinct comme une bête. La rencontre ne relève pas des catégories de la réussite ou du ratage. On réussit ou on rate en fonction d'un objectif anticipé. La rencontre me fait entrer dans l'inanticipable. Quelque chose de neuf entre dans ma vie. Et l'échec, bien souvent, est une faveur, parce qu'il vient crever ma petite bulle, déjouer mon petit plan, pour me tourner vers l'inattendu. Je l'ai suggéré tout à l'heure : il n'y a de grâce que pour les condamnés. Parler de la grâce, c'est d'abord parler de notre condamnation. Reconnaître que le ratage fait partie de notre vie, qui est vraiment une vie clownesque, puisque l'homme, livré à lui-même, doit agir avant de s'y connaître, et que, comme dit le poète, « le temps d'apprendre à vivre il est déjà trop tard ».

Vous me demandez si j'ai peur de la mort ? Bien sûr que j'ai peur de la mort. Et, contrairement à bien des savants, plus je médite dessus, et plus j'ai peur. Des raisonneurs ont cru que la sagesse n'avait pas d'autre fin que de vaincre ses peurs : selon eux, la mort n'était pas le problème, mais bien la peur de la mort. La sagesse se trouvait donc dans une absence de trouble, une ataraxie bienheureuse, un retranchement dans sa citadelle intérieure. À l'opposé, l'Évangile nous raconte que Jésus, à Gethsémani, a eu peur. Le Fils de Dieu, la Sagesse incarnée, a donc ressenti frayeur et angoisse. Pourquoi cela ? Pourquoi Dieu a-t-il voulu avoir peur de la mort, de manière exemplaire ? L'absence de peur peut être de la stupidité pure : on ne voit pas le danger. Elle peut aussi être de l'orgueil : je me moque du danger, je ne crains rien, je suis au-dessus de tout. Or la mort vient justement nous montrer que nous ne sommes pas les maîtres et que nous n'aurons pas le dernier mot (les fameuses « dernières paroles » des mourants ne sont jamais qu'avant-dernières). Elle vient nous arracher à notre suffisance. La peur de la mort a donc une fonction décapante. Elle appuie sur les bords sensibles de notre finitude, elle nous humilie. Mais, en nous humiliant, elle fait monter en nous un cri. Nous appelons l'autre. La foi n'élimine pas la peur de la mort, mais la peur d'avoir peur, cette hauteur de façade ou cette indifférence de coquille vide, ce courage sans cœur.

Heidegger disait que l'angoisse devant la mort est la tonalité fondamentale de l'existence. Mais il revient sur cette affirmation dans d'autres textes, en précisant qu'elle n'est fondamentale que pour l'existence déchue. De fait, l'angoisse devant la mort est-elle vraiment première ? C'est peut-être celle qui nous saisit le plus affectivement, et qui vient nous fissurer après qu'on est déjà coincé dans l'orgueil. Mais ce n'est pas celle qui est la plus fondamentale. De fait, on n'a d'angoisse devant la mort que si l'on a d'abord goûté à la joie de vivre. Si vous n'avez pas goûté la joie de vivre, vous n'avez pas l'angoisse de mourir. Donc l'angoisse de la mort grandit à mesure que grandit aussi la joie de vivre. L'erreur de bien des pseudo-sagesses est de convoiter la double anesthésie : se débarrasser de cette angoisse en tuant la joie de vivre. Ce que l'on trouve d'une certaine façon dans la stratégie d'Épicure : l'optimum de plaisir est dans l'absence de trouble et vous interdit la joie extrême.

Plus vous êtes joyeux dans cette vie, plus vous êtes angoissés de la perdre. Il faut tenir cette tension extrême, cette tension engendrée par l'amour qui rend la mort à la fois déchirante et impossible. Gabriel Marcel disait : « Dire "je t'aime" à quelqu'un, c'est lui dire, toi, tu ne mourras pas. » Le vrai drame n'est pas ma mort mais celle de celui que j'aime. Dès que l'on dit « Je t'aime », on accentue le drame de la mort et, en même temps, on ouvre l'horizon d'une vie éternelle, d'une vie rachetée.

Le pardon, c'est l'ouverture d'un avenir

Parlez-nous du pardon. Pour vous, est-ce quelque chose de quotidien ?

Il faudrait demander à mon entourage. Le pardon est extrêmement mystérieux. On ne peut pas faire que ce qui a eu lieu n'ait pas eu lieu. Si un homme a été adultère, par exemple, et qu'il veut revenir vers sa femme, il ne pourra jamais faire qu'il n'ait pas couché avec une autre et que sa mémoire ne soit pas hantée. C'est terrible. Si je m'en tiens à une espèce de justice stricte et même strangulante, qui prend en compte l'irréversibilité du temps, c'est fini, c'est fini à tout jamais, on ne reviendra jamais en arrière, on n'enlèvera plus cette amertume sur mes lèvres.

Or le pardon fait que ce qui a eu lieu a eu lieu mais que sa signification change. Tu as fait le mal, soit, tu peux désormais redoubler d'énergie pour faire le bien. La stricte justice, avec sa demande de réparation complète, nous enferme dans le passé. Elle veut la restauration de la situation initiale. Le pardon, au contraire, est l'ouverture d'un avenir. Il relance la promesse de la vie. On se tromperait donc en le réduisant à un acte moral. Il structure le temps humain, il déploie le quotidien lui-même, la possibilité que le jour se lève comme un jour nouveau, que l'aube soit vraiment une aube. Il assume l'irréversibilité du passé dans l'imprévisibilité de l'avenir. Quand le Christ dit : « Que le soleil ne se couche pas sur votre colère », il affirme que seul le pardon permet au soleil de se lever pour de bon, et de nous arracher aux ténèbres du remords, de la rupture systématique avec l'autre.

Et de nous arracher à la vengeance.

Que ce soit dans le cercle du remords ou dans la spirale vindicative, il y a, littéralement, une perte de temps, une perte du temps comme ouverture à l'événement. Il est vrai que nous sommes faibles, que nous ratons, ou que nous ne ratons pas (ce qui est le pire des ratages pour un sniper), que nous commettons sciemment des atrocités. À ce moment, qu'en est-il de l'avenir ? Il suffit de parler d'avenir (non pas de futur, de ce futur qui se déduit comme une conséquence du présent, mais d'à-venir, de ce qui vient à nous, et non de nous), il suffit d'évoquer l'avenir et vous entrez nécessairement dans la logique du pardon. C'est l'avenir qu'ouvre le repentir. On rattache souvent ce mot à la pénitence comme peine alors que le repentir n'a pas ce sens-là. C'est d'abord un retour, non pas un retour à l'initial, mais un retour à l'avenir, à l'autre, avec une force beaucoup plus grande. La brebis qui s'est égarée, elle revient portée sur les épaules du berger, portant aux autres brebis toute l'odyssée de son égarement.

L'histoire la plus étonnante, à cet égard, c'est celle du bon larron. Elle nous révèle que Dieu ne nous remet jamais dans le droit chemin. Ce malfaiteur est un type qui fait tout pour fuir, pour être le plus loin possible de la beauté, de la justice, de la vérité. Un criminel endurci, donc, un multirécidiviste. Et voilà que cet homme, qui a tout fait pour s'éloigner du chemin de la vérité et de la vie, se retrouve crucifié à la droite de Dieu. Ces places que réclamaient Jacques et Jean, les apôtres, voilà que ce sont deux malfaiteurs qui les obtiennent. Et l'un d'eux s'en rend compte soudain : « Jésus, souviens-toi de moi quand tu viendras dans ton royaume. » Que découvre-t-on dans cette histoire ? Que Dieu n'est pas en train de dire : « Tu es sorti du chemin déjà tracé, reviens vite dessus, sinon… » Ce serait du moralisme, pas de la rédemption. En vérité, c'est avec nos égarements que par sa grâce l'Éternel invente un chemin nouveau. La dynamique du pardon, ou de la grâce, n'est précisément pas la logique du « Tu es sorti du chemin, reviens au chemin préétabli », mais « Ton égarement, à partir du moment où tu entres dans le repentir, devient lui-même chemin, se transforme en chemin unique, personnel, incomparable ». De là cette parole du Christ : Dans le royaume des cieux, les prostituées entreront avant vous, pharisiens, scribes, docteurs de la loi… L'égarement de la fille repentie devient voie royale, de par cette métamorphose, cette transfiguration, cet à-venir dont est capable la grâce.

Le Christ ressuscite avec ses plaies, cela signifie que les plaies, qui sont la marque de la souffrance extrême, du supplice, se transforment et deviennent la manifestation de l'offrande qu'il a faite de sa vie. Nous ne sommes pas dans l'effacement, mais dans la transfiguration. Cette dynamique du repentir n'est pas « tu as fait cela », et dans une logique comptable, « tu dois payer ceci pour compenser ». Non. Mon éloignement, mon errance, vont se changer en chemin de bonté, qui va bien au-delà d'une simple compensation.

Chaque naissance est un commencement

Qu'on ait la foi ou qu'on ne l'ait pas, on sait bien que les principes christiques seraient les meilleurs pour arriver à une forme d'harmonie et de paix dans le monde. Mais il est clair qu'aucune des valeurs de notre société, compétitivité, force, violence, argent – la « lèpre de l'âme » comme disait George Steiner – ne peut coïncider avec cette culture de l'amour du prochain. Comment sortir de cette impasse ?

La puissance de la société du spectacle, c'est de pouvoir faire de la rébellion un nouveau produit dérivé, en la changeant elle-même en spectacle. La télévision ne cesse de faire son autocritique. Le monde du spectacle ne cesse de critiquer le monde du spectacle. Peu importe, pourvu que l'on soit fasciné par ce spectaculaire. Le problème est que même ce que vous appelez les valeurs chrétiennes ou christiques sont un spectacle. D'ailleurs, suffit-il de les appliquer pour que cela aille mieux ? Le Christ a fait tout le bien possible, et il a été crucifié. Son œuvre n'est pas celle d'un progrès, mais d'une apocalypse : il dévoile ce qu'il en est de nous et de nos cœurs. Les « valeurs chrétiennes » relèvent du pharisaïsme, l'utopie de la Cité chrétienne ici-bas, où tout irait pour le mieux dans le meilleur des mondes, ne vaut pas mieux que celle de la société sans classes.

Pourquoi ne suis-je pas simplement en train de me lamenter sur les calamités du temps ? Pour deux raisons. La première, c'est que la victoire du Christ a déjà eu lieu, que le temps de l'histoire a en lui un juge et que toute justice sera faite. Tout apparaîtra, tout apparaît déjà dans sa lumière. Cela ne nous empêche pas de poursuivre cette justice, au contraire. Nous devons aussi y participer avec urgence, si nous voulons participer de son triomphe. La seconde raison est que, peut-être à cause de ma propre histoire, personne ne pouvait être plus éloigné du christianisme que moi. De par ma culture, laïciste, de gauche, de par ma judaïté qui posait contre le christianisme comme une dérive et une trahison, de par mes inclinations nietzschéennes, et mon amour de Bataille, Sade ou Céline. Et voilà que c'est advenu. Quand vous avez la foi, vous croyez que, comme il est dit dans l'épître aux Colossiens, tout subsiste dans le Christ. Il n'y a pas quelque chose qui lui soit extérieur. Et si je vais vers un non-croyant, si j'y vais comme s'il était extérieur au Christ, je me trompe, il est aussi dedans, comme je l'étais jadis sans le savoir. Ma propre conversion est la preuve, à usage personnel, que rien n'est impossible à Dieu.

On peut certes voir la société à partir de sa fausse monnaie. Mais, derrière une fausse monnaie, il y a aussi de vrais biens. On doit savoir que l'être en lui-même est bon et que la réalité, donc, est du bon côté. Bien sûr, les gens sont séduits, et parfois séduits de manière complètement hystérique par ces fausses valeurs, ils sont envoûtés, hypnotisés. Mais tout peut se réouvrir, tout peut se transformer, au-delà de nos plans. Souvent, la transfiguration est douloureuse. Elle passe par des défigurations extérieures : le grand coup de pied au derrière de la maladie, de la mort, du crime, qui soudain vient vous réveiller. Elle passe aussi par le passage d'une génération à une autre. Avec un petit enfant, tout est à reprendre, tout repart de zéro. L'embrigadement de la « saine éducation » bute contre l'émerveillement enfantin puis la révolte adolescente. Si bien que, d'une génération à l'autre, tout peut basculer. Chaque fois, le temps est réouvert par une naissance. C'est ce qu'avait très bien compris Hannah Arendt. Il ne faut pas retenir d'elle que l'affirmation devenue banale de la « banalité du mal ». Il faut se souvenir que sa pensée de la multiplicité se fonde sur la reconnaissance du mystère de la naissance. Il y a cette phrase de saint Augustin qu'elle reprend à la fin du *Système totalitaire :* « L'homme a été créé pour qu'il y ait un commencement. » L'homme n'est pas seulement un être qui prend place dans le monde : avec chaque homme commence de nouveau le monde, commence de nouveau un monde. C'est cela qui le rend responsable de la place qu'il prend.

Préférer les visages aux idées

D'une certaine manière, vous êtes un optimiste, dans le sens où, pour vous, la nature profonde de l'homme peut être bonne.

Je ne suis pas optimiste pour deux raisons. Tout d'abord, nous ne sommes pas dans « les jeux sont faits ». Tout est toujours ouvert, tant que le temps se poursuit. Ensuite, j'ai conscience du tragique de l'existence, ce qui fait que je ne suis ni optimiste ni pessimiste, car ce qui fonde le tragique, c'est, comme le dit Euripide, que « les dieux livrent passage à l'inattendu ». Mais il y a aussi cette grandeur humaine de la tragédie, ressaisie dans le livre de

Job et dans le mystère de la croix : la grandeur de l'homme, la verticalité de l'homme, n'est pas simplement la station droite, qui n'est qu'une posture spatiale, c'est son déchirement vertical, le fait que l'homme, à travers son appel, relie la terre et le ciel de telle sorte que sa détresse est aussi son feu, son signalement, alors que l'absence de détresse, l'autosuffisance qui nous mènerait à la satisfaction de soi, serait notre véritable ravalement.

Pouvez-vous donner un message à la jeune génération, un message de paix, un conseil ?

Ah ! Le message à donner ! Le slogan spiritualo-publicitaire ! Mais si j'avais un message à donner, ce serait justement de toujours préférer le messager à son message, c'est-à-dire de toujours préférer les visages aux idées. Je crois qu'il n'y a pas de message plus haut que celui-ci, un peu comme dans *Mission impossible,* un message qui s'autodétruit pour laisser place à une présence.

Entretien V

Lucien Jerphagnon

Présentation

Lucien Jerphagnon, né en 1921 à Nancy, est philosophe et historien, professeur émérite des Universités, membre correspondant de l'Académie d'Athènes, lauréat de l'Académie française et de l'Académie des sciences morales.

Spécialiste de la pensée grecque et romaine, il est diplômé de l'École pratique des hautes études, docteur ès lettres (philosophie et psychologie). Tout d'abord professeur à l'université de Besançon puis de Caen, il est considéré comme une référence pour l'enseignement de la philosophie antique, discipline qu'il choisit à contre-courant de la pensée existentialiste en vogue à ses débuts.

Dix-huit ans conseiller auprès de l'Institut international de philosophie, Lucien Jerphagnon est l'un des membres fondateurs du Centre international d'études platoniciennes et aristotéliciennes d'Athènes.

Disciple de Vladimir Jankélévitch, proche de Paul Veyne, il s'intéresse tout particulièrement à la pensée de saint Augustin, dont il a assuré l'édition des trois volumes pour la collection « Bibliothèque de la Pléiade ». Il est décédé le 16 septembre 2011 à Rueil-Malmaison, à l'âge de 90 ans.

Jean d'Ormesson le définit ainsi : « Un savant qui sait unir un style rapide et séduisant à l'érudition la plus rigoureuse, souvent mêlée de drôlerie. »

Il est l'auteur de nombreux ouvrages dont : *Le Caractère de Pascal. Essai de caractérologie littéraire* (Vendôme, PUF, 1962), *De la banalité* (Paris, Vrin, 1966), *Julien dit l'Apostat* (Paris, Seuil, 1986), *Histoire de la Rome antique* (Paris, Tallandier, 1987), *Histoire de la Pensée, Tome 1 - Antiquité et Moyen Âge,* ouvrage couronné par l'Académie des sciences morales et politiques (Paris, Tallandier, 1989-1993), *Œuvres de saint Augustin,* « Bibliothèque de la Pléiade », 3 vol., ouvrage couronné par l'Académie française (Paris, Gallimard, 1998-2002), *Les dieux ne sont jamais loin* (Paris, Desclée de Brouwer, 2002, 2006), *Augustin et la sagesse* (Paris, Desclée de Brouwer, 2006), *La Louve et l'Agneau* (Paris, Desclée de Brouwer, 2007), *La Tentation du christianisme* (avec la collaboration de Luc Ferry, Paris, Grasset, 2009), *La Sottise* (Paris, Albin Michel, 2010), *De l'amour, de la mort, de Dieu et autres bagatelles* (avec la collaboration de Christiane Rancé, Paris, Albin Michel, 2011), *Connais-toi toi-même… et fais ce que tu aimes* (Paris, Albin Michel, 2012), *Les Armes et les mots* (Paris, Robert Laffont, 2012), *L'homme qui riait avec les dieux* (Paris, Albin Michel, 2013).

Lucien Jerphagnon est animé par la volonté de faire redécouvrir les mythes anciens, susceptibles d'éclairer les événements du monde moderne autant que la complexité de l'homme. Il s'est intéressé aux débuts du christianisme et surtout à ce qu'a été la tentation du christianisme. Dans le monde romain de l'Antiquité, imprégné de stoïcisme, d'épicurisme et de platonisme et surtout dans ce monde païen polythéiste où toutes les religions sont admises, pourvu qu'on sacrifie aux dieux de la cité, il s'est attaché à expliquer le développement foudroyant du christianisme. Il a mis en lumière la place du christianisme dans le monde actuel. Pour Lucien Jerphagnon, le christianisme est une religion en évolution dans un paganisme en évolution. Quels chrétiens ? Quels païens ? Il nous explique comment petit à petit les valeurs du christianisme sont apparues comme essentielles au monde païen et à travers son dernier ouvrage, *La Tentation du christianisme,* comment la symbiose du sociopolitique, du mythique et du religieux a permis l'expansion du christianisme.

Il dévoile pourquoi une religion d'une certaine manière « excentrique » comme l'était le christianisme est devenue, dès le IVe siècle sous Constantin, la religion du plus grand empire, l'Empire romain, et comment elle s'est installée ensuite au cœur de la culture occidentale. Peu de philosophes ont insisté sur le caractère improbable du phénomène. Hegel voyait dans la naissance du christianisme un progrès (encore insuffisant) dans l'aspiration éternelle de l'esprit humain à saisir l'absolu, Nietzsche diagnostiquait à l'opposé l'aggravation d'une maladie contractée par Socrate.

Pourtant l'énigme apparaît dès les premiers textes chrétiens. Si on se réfère à saint Paul dans la première épître aux Corinthiens, le message chrétien est « un scandale pour les juifs et une folie pour les Grecs ». Saint Paul sait qu'il lutte contre un double front : l'ordre de la loi juive et celui de la raison grecque pour les remplacer par le régime de la foi, seul salut plus fort que la mort. Le christianisme est passé en quelques siècles du statut de « secte » à celui de civilisation.

Dans son livre, *La Tentation du christianisme,* Lucien Jerphagnon dit : « C'est aujourd'hui une laïcité sereine et apaisée qui règne en Europe occidentale. » Ce fait était impensable il y a encore cinquante ans. Mais il ajoute qu'il faut rester vigilant face aux fondamentalismes et à un obscurantisme toujours renaissant et face au nihilisme et au matérialisme.

Pour lui, les deux menaces les plus graves qui pèsent sur notre société sont d'un côté une religion coupée de toute culture et d'un autre côté une culture coupée de toute religion.

Dans son livre *Histoire de la Rome antique,* il retrace l'histoire mouvementée de Rome sur douze siècles aussi bien sur un plan historique que sur le plan des idées. Il parle de « stoïcisme », d'« épicurisme », de « platonisme », des philosophies venues du monde hellénique. Il s'intéresse à la « Rome adoratrice de tous les dieux », soulignant que c'est dans ce contexte improbable que le christianisme a pu survivre et même s'imposer comme religion d'État sous l'empereur Constantin au IVe siècle.

Il démonte le clivage classique : royauté/république/empire en disant qu'il ne faut pas faire de « chronomorphisme ». L'Empereur par rapport à la République, à la *res publica* était l'homme idéal, un sage, un philosophe capable de gouverner un empire comme le rêvait Cicéron. Il était aussi pour le peuple un homme recevant son pouvoir des dieux.

Dès le Ier siècle avant Jésus-Christ, Varron (116-27 av. J.-C.), écrivain romain, surnommé par ses contemporains « le plus savant des Romains », distinguait trois théologies : la poétique, la civile et la philosophique. Cette évolution, pour Lucien Jerphagnon, annonce le christianisme. Il y avait pour les païens un phénomène antinomique de rejet et de fascination dans le christianisme. Et Suétone, Tacite, Épictète, Trajan, Pline le Jeune, même Marc Aurèle n'ont pas été tendres avec le christianisme. Les persécutions furent multiples.

Mais la grande tentation de la religion de « Christus », pour des gens conditionnés par une longue tradition, a été la découverte d'un Dieu d'Amour. Et quand le christianisme s'impose sous Constantin comme religion d'État, il correspond à une attente profonde : une relation plus personnelle avec le « Dieu ». Ce qui impressionnait véritablement, c'était que des gens pouvaient mourir pour leur croyance. L'exemple des « martyrs », « témoins », en grec est déterminant dans le choix de l'empereur Constantin. Il y avait la certitude d'accéder à quelque chose de meilleur et de supérieur.

À l'heure où la planète est en prise aux luttes d'intérêt pour le pétrole, les matières premières, les marchés, où la société est secouée par les crises cycliques du capitalisme et confrontée à une hypertechnologie déshumanisante, Lucien Jerphagnon nous éclaire sur ce qu'est la croyance, le Christ, la fraternité, l'amour. Et comme saint Augustin, il nous montre que l'amour et la religion sont une quête difficile et exigeante, mais illuminante.

Expérience historique, expérience personnelle, quête à travers le temps et l'espace, quête intérieure : la démarche de Lucien Jerphagnon nous mène ainsi au cœur du message chrétien.

Le christianisme : la découverte d'un Dieu d'Amour

Lucien Jerphagnon, la tentation du christianisme, celle dont vous parlez dans le livre que vous avez écrit avec Luc Ferry, quelle est-elle ? Dans ce monde romain de l'Antiquité imprégné de stoïcisme, d'épicurisme et de platonisme, et surtout dans ce monde païen, polythéiste, où toutes les religions étaient admises, comment expliquer le développement foudroyant du christianisme ? Comment était-il perçu ?

Foudroyant, c'est beaucoup dire parce que ce développement s'est étalé sur trois siècles. Pour les gens de cette époque, tout ce qui était religieux était surtout d'ordre familial et civil. Il y avait les dieux de la famille auxquels on faisait un petit sacrifice de temps en temps et surtout les dieux de l'Empire ou de la République qui étaient les garants de la grandeur de Rome. Mais il ne venait pas à l'idée des Romains d'avoir un rapport personnel avec l'au-delà de ce monde. On ne discutait pas avec Jupiter, on ne le priait pas de la même manière que nous prions Jésus. Et ce qu'on a découvert tout à coup avec le christianisme, c'est qu'il y avait une dimension intime de la divinité. Soudain, Dieu était présent. Ce fut un choc dans une civilisation où les dieux étaient surtout, comment dirais-je, des VIP, qui s'occupaient de tout dans ce monde, de tout et de rien. Robert Turcan, un de mes bons amis, a magnifiquement montré dans ses livres comment fonctionnait Rome et ses dieux.

Vous nous dites qu'il y avait, par exemple, des échanges presque utiles avec les dieux : l'enfant qui offrait son jouet, la femme qui, après avoir passé une excellente nuit avec un centurion, donnait un objet intime…

Vous me parlez d'Aglaonikè, qui avait passé une si belle nuit avec un certain Nicagoras qu'elle avait, en ex-voto, offert une pièce de lingerie que je préfère ne pas divulguer. On ne voit pas très bien cela aujourd'hui comme ex-voto !

La découverte du christianisme a été la découverte d'un Dieu d'Amour. Au fond, l'homme a été fait Dieu par un Dieu fait homme. Telle serait la formule, elle n'est pas de moi, elle est d'un Père de l'Église. Dieu s'est fait homme pour que l'homme soit fait Dieu. Et quand on découvre cela, c'est un choc.

Dans un passage de votre livre, Histoire de la Rome antique, *vous dites que l'on voulait bien tout accepter, sauf se dire qu'il y avait une proximité des dieux romains avec le peuple romain. On ne pouvait pas imaginer rencontrer un dieu dans la rue en train d'acheter son pain.*

En allant chercher du pain chez le boulanger, tomber sur Dieu, c'était impensable. Alors que Dieu s'était promené dans Jérusalem.

Au départ, vous le dites vous-même, on confond même le christianisme avec le judaïsme.

On en trouvera la preuve chez Suétone, dans son livre *Vies des douze Césars,* et plus précisément dans *Claude,* quand il dit que les Romains ont chassé les chrétiens parce qu'ils se révoltaient, *« impulsore Christi »,* sous l'impulsion d'un certain Christus. Or il y avait longtemps que Jésus Christ était mort et ressuscité quand Suétone racontait cela.

Cela prouve qu'au départ le christianisme était considéré comme une secte un peu décentrée.

Oui, et bas de gamme. D'abord parce que les chrétiens n'étaient pas des gens comme tout le monde : il y avait parmi eux beaucoup d'esclaves, de petites gens, et aussi certains qui venaient d'Orient, plus loin encore que la Grèce. Or les Romains n'aimaient pas trop les gens qui venaient de l'extérieur. Il y avait comme un doigt de racisme chez le Romain moyen, encore qu'il le fût moins que beaucoup dans notre siècle.

Du point de vue religieux, Rome était une ville ouverte. On pouvait adorer le dieu que l'on voulait, de quelque lieu qu'il soit, surtout s'il avait fait ses preuves. Mais même si on adorait n'importe quel dieu, il fallait surtout ne jamais oublier que les dieux de Rome étaient les premiers qui garantissaient la santé de l'Empire. Donc, en ne les adorant pas, on pouvait s'attirer de graves ennuis. De plus, les dieux passaient pour ne pas être très commodes. Le Romain moyen jouait serré avec les dieux, selon l'expression de Robert Turcan. Il suffisait donc de mettre juste ce qu'il fallait d'encens même si on ne s'y investissait pas soi-même très profondément du point de vue de l'âme, mais c'était important de le faire.

Aujourd'hui on parle d'une laïcité sereine et apaisée qui régnerait en Europe occidentale. C'était complètement impensable il y a cinquante ans, mais c'est vrai qu'actuellement nous parlons beaucoup de laïcité. Que pensez-vous de cette laïcité, est-elle tellement sereine et apaisée ?

Elle ne l'est pas mais elle ferait bien de le devenir. Je tiens beaucoup, peut-être en tant que croyant, à la laïcité, autrement dit, je n'aime pas que les gens ne puissent pas adorer leur dieu dans leur cœur comme il convient. Mais je n'aime pas davantage qu'une religion s'étale et s'impose aux autres. Car les religions ont ceci de particulier qu'elles s'imaginent être la seule, et la seule bonne. Et donc, puisqu'elle est la seule bonne, leurs fidèles estiment qu'il y faut convertir le monde entier. Cela, je le refuse ! Et la laïcité est le rempart contre une telle attitude.

Faut-il cependant se montrer vigilant face au fondamentalisme et à un obscurantisme toujours renaissant ? Entre les deux menaces les plus graves qui pèsent sur la société, vous dites qu'il y a une religion qui serait coupée de toute culture ou une culture qui serait coupée de toute religion. Pensez-vous que c'est une menace ?

Les Romains, comme Cicéron, disaient de la culture qu'elle était « *cultura animae* », c'est-à-dire la « culture de l'âme ». Cicéron n'était pas chrétien et la culture de l'âme, aujourd'hui, nous l'appellerions la culture de l'esprit. Donc, il faut que cet esprit soit informé de tout ce qui fait partie de la vie humaine dans toute sa dimension. Tantôt nous sommes dans le scientifique, tantôt, si nous sommes croyants, nous sommes dans le religieux, mais chaque fois nous sommes sur des plans différents. Et l'idéal, c'est précisément d'être vraiment libre d'adorer qui l'on veut sans empiéter sur la liberté d'autrui. Cela répond à cette fameuse question de la laïcité. La religion coupée de toute culture n'est ni plus ni moins qu'une secte qui vous conduit droit au fanatisme. La culture coupée de la religion est une encyclopédie qui a été censurée de toute une partie de l'homme et ne vaut pas mieux que son contraire.

C'est même encore pire. Saint Paul, dans sa première épître aux Corinthiens, présente le message christique comme « un scandale pour les juifs et une folie pour les Grecs ». Pouvez-vous nous expliquer cette phrase ?

Je vais m'en tenir au texte et me placer dans la perspective de saint Paul qui était à l'origine juif et qui est devenu chrétien sans pour autant intérieurement cesser de connaître à fond le judaïsme. Imaginez pour un juif un messie, le messie attendu, qui se fait arrêter par la puissance occupante, emprisonner et en plus crucifier. C'est un scandale épouvantable. Quant aux Grecs, imaginez, alors que le monde grec essaie de se dégager au maximum des lourdeurs de la matière, ce dieu éternel, la transcendance absolue qui vient s'incarner, s'enfoncer dans la chair, dont on essaie de se débarrasser à chaque instant pour être plus libre et qui, par-dessus le marché, s'en va mourir, lui qui est immortel par essence, sur une croix. Là ce n'est plus un scandale, c'est du délire. Voilà ce qu'a voulu dire saint Paul.

Sous Constantin, le ciel a changé de propriétaire

Quand Constantin fait du christianisme une religion d'État, n'a-t-il pas une arrière-pensée politique ?

Je pense comme Robert Turcan, dans son très beau *Constantin en son temps,* qu'il était sincère. Il avait d'ailleurs adoré d'autres dieux puisqu'on le trouve recevant une couronne d'Apollon, qui lui promet la gloire, dans un temple gaulois. Il se convertit à Christus, au Christ. Et peu à peu, le christianisme va devenir une religion d'État. Cette décision va créer un fameux appel d'air. Les gens qui, jusque-là, restaient très en ordre parce que beaucoup n'avaient pas envie de mourir en martyrs vont devenir tout à coup des résistants de la dernière heure. On va se précipiter vers le christianisme parce que cela sera bien vu. L'empereur Auguste, puisqu'on les appelait tous Auguste, Constantin Auguste étant chrétien, il faut se faire chrétien. Ce n'est pas mal puisque c'est une religion d'État. Mais Constantin permettra quand même au paganisme de perdurer. Ce sont ses successeurs qui l'interdiront. Les anciens persécutés deviendront persécuteurs. Cette décision n'a pas été qu'une bonne idée si j'en crois les Pères de l'Église, tels Eusèbe de Césarée, auteur d'*Histoire ecclésiastique,* et Jérôme de Stridon, c'est-à-dire saint Jérôme. Le christianisme a beaucoup profité du point de vue matériel, mais il a beaucoup perdu en vertu. Le ciel a changé de propriétaire et Constantin a même trouvé le moyen de christianiser des fêtes païennes : les *robigalias* deviendront les rogations, le *dies natalis solis invicti,* autrement dit le solstice d'hiver, deviendra Noël et le solstice d'été deviendra la fête de saint Jean Baptiste parce que Jean Baptiste a dit de Jésus : « Il faut qu'il croisse et que moi je diminue. » Les chrétiens ont donc « squatté » tranquillement les fêtes païennes. Ils ont également récupéré le droit romain.

Comment expliquez-vous cette force absolument incroyable qui fait qu'en dépit des difficultés des trois premiers siècles, les chrétiens aient réussi à s'imposer ?

Par l'exemple qu'ils pouvaient donner. Ils étaient présents dans une société qui découvrait tout à coup grâce à eux et par eux des valeurs jusqu'alors attendues, disons, espérées sans en avoir réellement conscience. Soudain, une espérance venait là, s'imposait peu à peu et certains renonçaient à jamais aux grains d'encens sur tel ou tel autel. Du coup, ils se faisaient remarquer par les Romains qui leur disaient : « Votre Dieu là-bas, adorez-le ! Mais faites comme tout le monde ! Ne nous causez pas pour autant des ennuis avec nos dieux de toujours, Jupiter, Junon, Minerve… »

C'est ce qui sera d'ailleurs invoqué à la chute de l'Empire romain. On dira que c'était évidemment parce que les Romains avaient déserté les autels païens.

Certains l'ont dit et Augustin a fort bien montré, dans *La Cité de Dieu,* qu'il y avait eu autant d'ennuis avant Jésus Christ qu'il y en a eu après.

Un christianisme en évolution dans un paganisme en évolution

Dans votre livre tout à fait passionnant Histoire de la Rome antique*, vous retracez l'histoire mouvementée de Rome sur douze siècles, aussi bien sur le plan historique que sur le plan des idées. Vous parlez de stoïcisme, d'épicurisme, de platonisme. Et d'un christianisme en évolution dans un paganisme en évolution. Quelle était cette évolution ? C'était une révolution ?*

Tout a toujours évolué, nous vivons dans le temps, le temps n'est pas immobile, c'est une image mobile de l'éternité. Ce qu'il faut essayer de voir, c'est qu'il n'y a pas LE christianisme et LE paganisme. On ne croyait pas aux dieux sous Numa Pompilius comme on y croit sous Cicéron ou comme on y croira sous Septime Sévère. De même pour le christianisme, on ne prend pas tout à fait les choses comme on les prenait au temps du tout premier christianisme, très proche du judaïsme, comme on y croira quand les chrétiens n'auront plus rien d'autre à faire, ne craignant plus le martyre, que de s'envoyer à travers la figure les hérésies qui vont naître à toute allure. Le christianisme va devenir à partir du IVe siècle un véritable panier de crabes parce qu'on voudra plaquer du rationnel sur l'au-delà. Ce que je n'ose pas appeler du mythe parce que, pour les gens, le mythe est une fable, tandis que, pour moi, le mythe est un *mutos,* c'est-à-dire quelque chose au-delà de la raison, sur un autre plan que la raison. Bergson dit dans *Le Rire* que quand vous plaquez du mécanique sur du vivant, vous donnez envie de rire, et moi je pense que quand vous plaquez du rationnel sur du divin, vous prenez de sacrés risques. Vous dites de Dieu ce que vous en dites, c'est tout.

C'est-à-dire que vous vous éloignez du Logos, *de la parole.*

Absolument. Et à ce moment-là vous lui faites dire beaucoup de choses. On lui en a fait dire des choses, à Dieu !

Quelles sont ces hérésies ? Parce qu'il y a beaucoup d'hérésies au IVe siècle...

Prenons un exemple : l'hérésie aryenne, l'une des plus simples, si j'ose dire. Il y a trois personnes dans la Trinité : le Père, le Fils et le Saint-Esprit. La question s'est alors immédiatement posée : le Père est fatalement plus grand que le Fils, un peu comme l'Auguste est un peu plus grand que son César, au-dessous de lui. En somme, Jésus, le Fils de Dieu, devenait le César de l'empereur Dieu si vous voulez. On plaquait de la politique là-dessus. Et cette histoire des aryens a duré un fameux bout de temps et il a fallu que

Constantin lui-même convoque un concile, un lycée, pour mettre les choses en ordre. Désormais il fallait dire que le Fils était l'égal du Père et si on disait le contraire, on pouvait avoir des ennuis.

Il y a des grands noms qui n'étaient absolument pas pour le christianisme. Je pense à Suétone, Tacite, Épictète…

Oui. Marc Aurèle disait que les chrétiens mouraient par entêtement, il ne comprenait pas du tout leur comportement : « Mais que font-ils ? Je ne comprends pas ! » Un haut fonctionnaire disait même : « Il y a quand même des façons plus agréables de mourir, quoi ! » Ils ne comprenaient pas du tout cet acharnement à refuser quelque chose d'aussi simple que d'aller adorer Jupiter. Ce qui se faisait gentiment, un petit peu d'encens ou bien un petit sacrifice, un poulet, ce que vous vouliez, un oiseau même. Vous lui coupiez le cou et vous versiez le sang pour Jupiter. Les chrétiens refusaient de le faire et devenaient du même coup des ennemis de l'État. Ils devenaient punissables et beaucoup ont fini dans de tristes conditions.

Martyrs.

Martyrs, c'est-à-dire témoins.

Ils deviennent les plus grands témoins de l'histoire.

Marturos veut dire en grec « témoin ». Et le christianisme avait tant de témoins ! Tertullien disait que, pour le christianisme, les martyrs étaient une semence de chrétiens. Plus fort cela frappait les païens et plus ils se demandaient : « Mais enfin qu'est-ce qui les pousse à mourir et surtout de pareille façon ? C'est incompréhensible, et tout cela pour ne pas adorer ! Il suffit de cinq minutes pour aller adorer les dieux de la cité. » Ils ne comprenaient pas.

Oui, c'est d'ailleurs pour cela qu'au IVe siècle, quand Constantin choisit le christianisme comme religion d'État, cela prouve qu'il y a un malaise ; l'empire devient immense, difficile à gérer.

Oui, il l'est déjà depuis un petit moment. Cela a commencé avec Marc Aurèle, qui a passé sa vie à cheval à combattre. Je pense à sa statue sur le Capitole où il est sur son cheval. Au fond, il y a été constamment et il est allé mourir au bord du Danube. Non pas assassiné par son fils, comme l'a dit un film.

Je vois que vous n'aimez pas beaucoup les grandes sagas cinématographiques ou les grands péplums…

Cela m'amuse beaucoup. Si, j'y vais, je n'en manque jamais un, mais pour en rire. Cela fait comme si vous voyiez aujourd'hui un film où il serait question des Français de l'an 2000 et où on verrait cela par exemple dans l'an 10 000. Alors on apercevrait de Gaulle au bras de Jeanne d'Arc allant prendre un taxi de la Marne. J'ai vu, dans un de ces films, Néron traversant toute une salle où il y avait des bustes d'empereurs qui viendraient au monde deux cents ans après lui. Pourquoi pas aussi une montre au poignet ?

La République romaine n'était pas démocratique

J'aimerais que vous me parliez un peu de cette Rome antique. D'abord, vous tordez le cou au clivage classique, royauté-république-empire, en disant qu'il ne faut pas faire de chronomorphisme.

Oui, c'est du chronomorphisme parce que nous transbahutons notre temps dans les temps anciens. Par exemple, la République romaine n'est pas du tout celle qu'imaginait Robespierre. Elle était faite de gens importants, ce qu'on appellerait aujourd'hui des « bourgeois », la « haute société ». Cette république n'était pas très démocratique au sens où on l'entend aujourd'hui.

Elle était même particulièrement élitiste.

Fort élitiste. Quant à l'empire, cela n'a rien à voir avec Napoléon ou avec François-Joseph d'Autriche. C'est tout autre chose. C'était le *princeps senatus,* le prince, le premier du sénat, qui était délégué de pouvoir de la république en quelque sorte. Cela a commencé avec l'éviction des rois en 509 avant Jésus-Christ, du fait des Tarquins et de leur conduite. On a fondé à ce moment-là ce qu'on a appelé la *res publica,* autrement dit l'État, avec des magistratures très différentes. Il y avait un premier consul et un second consul, le premier consul commandait. Et après cent ans de guerre civile, quelque chose d'effrayant, le cauchemar d'un sadique, on est arrivé à un tel État que le sénat a trouvé judicieux de confier toutes les magistratures de tribuns du peuple à un seul personnage, le premier d'entre eux. Et c'est Octave qui a sauvé Rome. Il est alors devenu le délégué de la République. Mais Octave se souvenait très bien de César, il ne tenait pas du tout à finir comme lui. Il savait que Rome détestait la monarchie sous toutes ses formes. Il ne s'est donc pas amusé à jouer au roi, parce qu'il a bien vu ce qui était arrivé à César.

Il a accepté la couronne.

Oui, il a très bien géré la chose et cela allait durer jusqu'en 476, jusqu'à Romulus Augustule qui sera évincé par Odoacre. Cette histoire de *res publica* a tout de même duré disons de 509 avant Jésus-Christ à 476 après Jésus-Chrit, c'est-à-dire un millénaire.

*Un des chapitres d'*Histoire de la Rome antique *s'intitule « Le coup d'État permanent, 49 ans, 23 Augustes ». Pourquoi ?*

C'est une expression que j'avais trouvée dans un moderne. Nous sommes entre 235, où il y a Maximien, et 284, l'arrivée au pouvoir de Dioclétien.

Après il y aura la tétrarchie. Comment expliquer que, dans un tel chaos apparent, l'Empire romain ait pu survivre et même se fortifier ?

Il ne se fortifiait plus, comme l'a très bien expliqué Paul Veyne dans son livre *L'Empire gréco-romain*. Le problème qui s'est posé aussitôt dans ce que nous appelons l'Empire à partir d'Auguste, où tout était entre les mains d'un seul homme, est celui de la succession. Dans les premiers temps, tout s'arrangea très bien : une famille avait le pouvoir, les Julio Claudiens. Ensuite, les gens comme Vespasien, chez les Sévère, verront aussi leurs fils leur succéder. Mais entre-temps, le pouvoir suscita de terribles envies, les gens ont toujours eu soif de pouvoir. Et les armées, devenant de plus en plus importantes à mesure qu'elles conquéraient des territoires, finirent par s'imposer, surtout quand elles sauvaient des contrées. Les soldats de ces généraux commencèrent à s'interroger : « Mais au fond, pourquoi est-ce que "Tartempionus" ne serait pas notre chef et notre empereur ? » C'est ainsi que « Tartempionus Augustus » devint empereur. Voilà comment cela se passa. Et « Tartempionus » n'hésita pas à assassiner celui qui était au pouvoir. Devenir empereur à un certain moment, c'était être sûr de ne pas mourir du cancer.

Oui, parce qu'ils ont tous été assassinés, sauf Marc Aurèle, qui est mort de sa belle mort.

Oui, et même quelquefois un frère en assassinait un autre, comme Caracalla qui avait assassiné son frère Geta et avait dit à sa mère Julia Domna de ne pas avoir de chagrin. Regardez comme c'était gentil !

Ce qui est absolument fascinant, c'est qu'il n'y a pas d'institutions. Actuellement, si vous voulez être président des États-Unis, je pense à Obama, vous êtes élu au suffrage universel ou au suffrage indirect. Là, il n'y avait pas d'institutions particulières faisant référence à l'empereur et c'était une espèce de cooptation générale.

Il y a quand même eu des élections, mais disons qu'elles étaient plutôt déterminées. Cela n'était pas la démocratie comme nous l'entendons aujourd'hui.

Le sénat était toujours mis devant le fait accompli.

Oui, comme autrefois en Union soviétique où les gens étaient sûrs d'être élus.

Savoir gouverner avec prudence

Ce qui est étonnant, c'est que, malgré un certain chaos apparent, Rome trouvait toujours l'homme de la situation. Pensez-vous que cet homme était l'homme idéal ? L'empereur, dans son rapport à la république, devait être un sage, un personnage capable de gouverner un empire, comme aurait pu le faire Cicéron, qui a été un grand visionnaire, à la fois un militaire et un homme de culture. L'empereur devait connaître le droit par cœur, avoir des qualités extraordinaires. Selon vous, les empereurs romains ont-ils tous eu une stature remarquable ?

Il y avait des hommes qui étaient très remarquables et il y en avait d'autres qui étaient tout à fait quelconques. Et il y en avait même qui étaient un peu fous.

Tibère, par exemple, en a eu tellement assez des histoires politiques à Rome qu'il s'en est allé sur son île à Capri. Il y faisait de l'astrologie avec Trasilos et coulait des jours heureux. Il a essayé de revenir à Rome une fois ou deux mais a fini par retourner définitivement sur son île. Ou Claude, qui était un peu bègue, et sur lequel Sénèque a écrit l'abominable *Apocoloquin-*

tose, une parodie d'*Apothéose* où il l'a transformé en coloquinte. Sénèque s'est vengé parce que Claude l'avait exilé en Corse et il n'avait pas tellement apprécié ce séjour, qui n'avait rien de touristique, sur l'île de Beauté. Comme quoi, vous voyez, vous avez de tout.

Pour être empereur, il fallait être à la hauteur, être prudent surtout, avoir une bonne culture grecque pour éviter de tomber dans la démesure, dans l'hubris. Il fallait savoir gouverner avec prudence et il y a des gens qui l'ont fait. Marc Aurèle par exemple, dont il faut lire et relire les *Ta eis heauton* « Pensées pour moi-même », ce qui veut dire tout simplement « ses choses à lui ». Comme elles n'étaient pas faites pour être diffusées, on les a appelées des pensées.

C'étaient comme les exercices spirituels de saint Ignace de Loyola.

C'était son journal intime qu'il écrivait avec sincérité. On y perçoit une tristesse extraordinaire. C'est très beau, on n'a jamais fini de relire les *Pensées pour moi-même* de Marc Aurèle. De même que, pour rire, on n'a jamais fini de relire le *Satirycon* de Pétrone. Il faut lire les textes anciens. Je disais toujours à mes étudiants, à la faculté : ne lisez pas seulement ce que tout le monde lit, lisez les livres que personne ne lit et vous aurez de sacrées surprises. Je me rappelle une fille, une fois, qui m'avait avoué qu'en lisant les *Métamorphoses* d'Apulée, elle s'était étouffée de rire.

L'histoire est assez drôle d'ailleurs. Vous pouvez la raconter ?

C'est l'aventure d'un jeune homme qui se rend chez l'assistante d'une très haute magicienne. Elle lui dit : « Oh, il est trop tard pour que tu t'en ailles, tu risques de te faire attaquer, malheureux ! Tu vas rester ici, je vais te changer en oiseau et puis demain quand la patronne s'en ira, tu t'envoleras, puis tu redeviendras un homme. » Mais elle se trompe de bouteille et elle le transforme en âne. Or au même moment des cambrioleurs arrivent, volant tout ce qui se trouve là et, pour transporter leur butin, ils prennent l'âne !

Et du coup, l'homme-âne, ayant un corps d'âne et sa tête d'homme, se promène dans la campagne alentour et nous propose une vue imprenable sur la vie quotidienne dans les villages. Jusqu'à ce qu'il finisse par redevenir homme en mangeant la couronne de roses d'un prêtre d'Isis.

C'est presque un parcours initiatique.

Absolument. Et on en a tiré le symbole de l'âme qui tombe dans la matière et qui doit remonter vers les cieux par l'initiation.

Il faut se méfier des libérateurs autoproclamés

Pour vous, quels sont les grands dangers du monde actuel ? En quoi la déconstruction nietzschéenne, qui voulait libérer les esprits, briser les chaînes de la tradition, s'est renversée en son contraire, un nouvel asservissement, plus désabusé que lucide, et quel modèle proposer maintenant ?

Ce qu'on peut dire sur Nietzsche, c'est que son scoop sur la mort de Dieu ne s'est pas vérifié ! Il n'y a qu'à regarder les intégristes de tout poil !

Il faut toujours se méfier des libérateurs autoproclamés. Ces gens-là déconstruisent généralement l'ordre existant et le remplacent par ce que j'appellerais la « liberté obligatoire », qui n'est pas beaucoup plus drôle que ce qu'elle entend remplacer. Et on se révolte à ce moment-là contre la liberté obligatoire. L'histoire est faite ainsi, il n'y a rien de continu, pas de fil qui partirait, pour les créationnistes d'Adam et d'Ève et, pour les darwiniens, d'un arrière-cousin du singe jusqu'à aujourd'hui. Le monde bouge et je crois qu'il continuera à bouger. Imaginez que notre présent est en train de devenir un passé. Il sera un passé pour les gens dans deux mille ans. Ils nous regarderont et que verront-ils ?

C'est ce qu'Edgar Morin affirme : nous sommes à l'âge de fer de l'humanité. Il nous faudrait passer dans l'âge suivant, l'ère planétaire.

On peut espérer, c'est tout ce qu'on peut faire. Je dirais personnellement qu'un pessimiste n'a jamais que de bonnes surprises. Le problème, c'est que moi je n'existerai plus quand ce monde-là, qui peut-être sera meilleur, existera.

Être soi-même pour soi-même

Alors, dans le monde perturbé d'aujourd'hui, comment affirmer ses croyances ? Nous vivons dans un monde extrêmement violent, où l'identité se perd, où l'on est confronté à l'hypertechnologie. Pour vous, où se situe la place de l'homme ?

En étant soi-même d'abord pour soi-même, c'est-à-dire bien se connaître, savoir que chacun de nous est une durée unique qui s'inscrit dans une durée commune, essayer de développer en soi-même cette dimension unique qui est la nôtre pour toute l'éternité. Chaque être humain est un point de l'éternité qui ne se reproduira plus jamais. Et c'est ainsi, en devenant nous-mêmes, que peut-être nous aiderons les gens aussi à le devenir. Je dis cela car je suis peut-être trop grec pour n'être pas *phronetes,* « prudent ».

Gnothi seauton, « connais-toi toi-même », autrement dit sache que tu n'es pas un être exceptionnel, que tu n'es pas un dieu, que tu es tout simplement toi-même. La solidarité nous appelle de partout et il n'est plus temps, comme le voulait Voltaire dans *Candide,* de s'en tenir à cultiver son jardin. Je pense qu'il y a mieux à faire, on peut toujours garder son jardin, mais cela ne suffit pas. Si on ne pense pas à sa propre intimité, comment découvrirons-nous l'intimité des autres ? Comment saurons-nous qu'ils sont irremplaçables eux aussi ? Que tout être que vous voyez dans la rue est un moment, un *hapax,* on dirait en grec, une unicité. Vladimir Jankélévitch, mon bien-aimé maître en philosophie, a très bien vu cela. Il savait que nous étions un être unique et que cet être unique ne devait jamais manquer son unique matinée de printemps. Et qu'ainsi nous pourrions susciter chez d'autres l'envie d'être également un être unique qui profite de l'unicité, et non pas ce monde commun dans lequel on barbouille tout le temps, qui nous est balancé par les publicités. Sortir de ce monde, non pas par mépris, mais simplement pour être un peu plus soi. Et pour que nous puissions aider les autres à être un peu plus eux-mêmes.

Et pour vous cela passe par la lecture, par le recueillement ? Enfin, sortir des médias, de la globalisation. Pour vous, comment y parvenir ?

J'ai eu la chance extraordinaire d'être engagé dans un mariage que nous qualifions d'éternel où nous nous aidons mutuellement à découvrir qui nous sommes et ce qu'est le monde. La lecture est perpétuelle chez nous, nous en discutons à chaque instant. Nous essayons simplement d'être nous, sans plus. J'allais dire, ce n'est pas sorcier. Encore faut-il le vouloir, mais le vouloir comme on veut quelque chose de beau. S'aimer comme soi-même, aimer l'autre comme soi-même, encore faut-il d'abord s'aimer soi-même. Alors quand on s'aime à deux, c'est infiniment mieux.

Saint Augustin : La Cité de Dieu

Leibniz dit : « Si Dieu existe, d'où vient le mal ? Si Dieu n'existe pas, d'où vient le bien ? » Cela pose la question du mal. Pensez-vous qu'il y a une justification du mal ou êtes-vous manichéiste comme saint Augustin ?

Il ne l'était pas mais il l'a été. À chaque instant dans la vie du monde, il y a des maux qui nous tombent dessus ou que l'on voit tomber sur les autres. Et tout cela nous l'additionnons sous un concept que nous appelons le Mal, avec un M majuscule. Et puisque nous avons créé le Mal en tant que concept, que faisons-nous ? Nous créons le problème du Mal. Citez-moi quelqu'un qui ait été capable de le résoudre. Vous pouvez toujours courir dans tous les coins de la philosophie à sa recherche. Le manichéisme, c'était très commode. Vous aviez un Dieu du Bien et un Dieu du Mal et ainsi, on passait son éternité à se confronter par humain interposé. Augustin, quand il était jeune, était hanté par le problème du Mal. Et les manichéens apportaient une réponse à ce problème : pour eux, il y avait le Bien et le Mal. Et il s'est aperçu au bout d'un moment, quand il a étudié beaucoup de philosophes, que cela ne tenait pas debout, que c'était absurde. Exactement comme par exemple Jankélévitch disait : « Satan est très gentilhomme. » Quand on commettait une faute, on mettait cela sur le dos du diable parce que l'on se savait tenté. Aujourd'hui, on met cela sur le dos d'une pulsion, comme cela un psychiatre s'en occupe et le coupable s'en tire.

Vous qui en avez traduit une partie, quel était l'objectif de saint Augustin dans cet énorme ouvrage qu'est La Cité de Dieu ?

Saint Augustin songeait à cette histoire-là depuis bien longtemps dans sa jeunesse. « Cité » veut dire chez lui « appartenance à ». Il y avait deux appartenances, celle au monde divin et celle au monde humain, majeure pour certains, avec tout ce qui vous y attire et vous y bloque. Mais au fond, s'il a écrit ce livre, c'était aussi pour répondre aux païens qui prétendaient que l'accident de 410 était dû au christianisme. En réalité, ceux qui se sont révoltés contre Rome étaient des Barbares comme Alaric, parce qu'on ne leur avait pas donné la place qu'ils méritaient, selon eux. Saint Augustin a donc écrit cet énorme ouvrage et au livre XIV, il a cette formule, sur laquelle nous pourrions terminer tant elle est belle : « Deux amours ont fait deux cités, l'amour de soi jusqu'au mépris de Dieu a fait la cité terrestre, l'amour de Dieu jusqu'au mépris de soi a fait la cité céleste. »

Très belle phrase en effet. Dans le livre XVIII, il parle de la force du christianisme, enfin de la cité de Dieu installée dans la cité romaine…

Elle y est installée mais elle ne s'y confond pas. Il faut faire très attention à ne pas opposer l'appartenance à Rome à l'appartenance à Jésus Christ, à l'Église. Parce que vous trouvez des païens qui un jour seront dans la cité de Dieu, et vous trouvez des chrétiens qui, dit-il, pourraient très bien ne pas y être.

Ne pas faire de nombrilisme

Jusqu'où peut-on aller pour exprimer sa liberté de conscience, ses convictions, qu'elles soient religieuses ou non ? Qu'est-ce que le courage ?

Être soi-même et essayer de l'être de mieux en mieux et non pas de pire en pire. Être soi-même tel que la nature même de votre être vous l'impose, c'est-à-dire non pas un être livré à toutes les dérives mais un être qui se prend en main et qui veut être lui-même. Et cela pour aider les autres à être eux-mêmes, faire naître en eux la même envie d'être soi et non pour dire « Oh que je suis bien ! ». De même qu'un professeur est fait pour donner envie à des étudiants d'en savoir un jour autant et peut-être plus que lui.

C'est le rôle de l'éducation. Beaucoup de grands hommes ont été jusqu'à faire de la prison pour s'opposer à quelque chose d'inacceptable. Doit-on oser dire non à l'inacceptable ?

Oui, quand quelque chose est inacceptable, il faut dire non.

Actuellement, on ne voit pas grand monde s'élever contre l'inacceptable, comme le pillage de l'Afrique, par exemple.

Oui, parce qu'aujourd'hui les gens sont surtout axés sur leur nombril. Et ce n'est pas une façon d'être soi-même, le nombrilisme. L'*omphalos* disaient les Grecs. Se connaître soi-même, c'est savoir qu'on est soi mais qu'on n'est que soi. C'est savoir aussi que les autres sont eux-mêmes et non pas des copies de ce que nous sommes ou qui devraient nous ressembler. C'est cela être soi-même. C'est se voir mais se voir tel qu'on est. Et non pas tel qu'on se figurerait être.

Le système occidental a toujours voulu absolument imposer son point de vue, sa personnalité aux autres pays.

Cela s'est toujours passé ainsi. Remarquez que Rome, par exemple, a été très adroite. Rome n'a jamais voulu imposer la romanité, elle a simplement donné envie d'être romain. Vous pouvez vous promener en ex-Yougoslavie, ou dans des pays proches, vous avez toujours des ruines romaines, parce qu'ils avaient envie d'être romains. De la même façon que les Romains avaient envie d'être grecs, parce qu'ils savaient qu'être grec, c'était être cultivé. Vous voyez, donner aux autres l'envie d'être davantage eux-mêmes.

A-t-on le droit de juger l'autre ?

Mais qui suis-je pour juger ? Je jugerais toujours fatalement selon moi. Je peux donc seulement dire que ce que l'autre vient de faire, je trouve que ce n'est pas très beau. Voilà, la façon dont je peux juger : « Moi, virgule, je trouve que… »

Il est difficile de pardonner

Et le pardon, qu'en pensez-vous ?

Là je ne suis pas très doué. Le pardon des offenses, c'est peut-être la partie du *Notre Père* que j'ai le plus de mal à réciter. Je ne suis pas très enclin à pardonner, mais j'essaie. Et d'ailleurs Jankélévitch a écrit des choses là-dessus dans *L'Imprescriptible,* un livre posthume publié en 1986. Jankélévitch fut vraiment mon patron en philosophie, de même qu'Orcibal fut mon patron en histoire. Vous voyez, il y a des gens qui vous marquent pour toujours. Il n'y a pas de jour où je ne pense à mes maîtres et ne les remercie, de même que je remercie de tout mon cœur telle institutrice quand j'étais enfant à l'école primaire. Et si le Seigneur a voulu qu'il y ait un Ciel, j'aimerais lui sauter au cou en y arrivant et dire merci à madame Boileau.

Jankélévitch a été terriblement marqué par l'abomination de la Shoah, que certaines personnes sont en train de nier actuellement. Déterminée comme telle, étudiée comme telle, mise en place comme telle, la Shoah est ce qu'on aura vu de pire. Moi qui suis un homme chrétien, je dis malheur à qui nie la Shoah.

C'est la pire des barbaries. Et ce qui est peut-être encore pire, c'est qu'on se pensait à l'abri de cette barbarie.

On n'est jamais à l'abri de la barbarie.

La foi, c'est l'espérance dans un Amour

Que nous apprennent la mythologie et les philosophes antiques ?

La mythologie nous apprend que le mythe, contrairement à ce que l'on prétend, a été la première forme de rationnel apparaissant dans le monde. Georges Gusdorf l'a d'ailleurs parfaitement analysé. Les hommes voulaient savoir au fond pourquoi c'était comme cela et pas autrement, d'où cela venait, ils s'étonnaient qu'il y ait ceci, qu'il y ait cela. Il fallait bien qu'il y ait une cause. Et ces premières causes ont été les mythes, les dieux… La première apparition du rationnel a donc été le mythique. Les *muthoi* ont, pendant des siècles et des millénaires, aidé les gens en leur donnant une espérance. Pour conclure, je citerai le cardinal Poupard, ancien ministre de la Culture du Vatican, qui dit : « La Foi, c'est l'espérance dans un Amour. »

Dépôt légal : octobre 2013
N° d'édition : 13204
Achevé d'imprimer en septembre 2013 en Italie par Legoprint